つなぐ、支える、ともに歩む

新時代の教育相談

高岸 幸弘・黒山 竜太 編著

北樹出版

まえがき

　言うまでもなく私たちは今、グローバル化、IT技術の進歩、ダイバーシティ（多様性）の推進など、国内外で、地域社会で、大きく、そして急速な変化に直面しています。それに伴い、子どもたちを取り巻く状況も大きく変化しています。一方で、教育の目指す本質は変わらず、教師によるたゆみない教育実践は脈々と積み重ねられてきました。それでもなお、教育が子どもや学校という場をどのような視点でとらえ、どのように向きあうべきかが、否応なしに問われています。

　不登校児童生徒の数やいじめの認知件数は増加し複雑化しています。暴力行為発生の低年齢化も議論が続いています。これまでの"どうしてこの子は学校に来ないのだろうか"という問いかけは、"どのような学校ならば来るのだろうか"へと変化を求められています。同様に、"どうしてこの子はいじめをするのだろうか"という視点は、"いじめが生じない学校環境をつくるにはどうすればよいのだろうか"に、"まだ小さいのにあんなに乱暴なことをするとは、なんて子なのだろうか"は、"あんなに乱暴なことをするほどの状況とはどういうものなのだろうか"という視点への転換が必要とされているのでしょう。

　近年、大きな災害の発生の影響もあるのでしょうが、さまざまな場面で絆（きずな）という言葉を耳にするように思います。人と人とのつながりや絆の大切さが見直される一方で、スマホやSNSを通じたつながりに苦しむ子どもたちの姿も見受けられます。絆は"ほだし"とも読みます。ほだしとは手かせ足かせを意味し、自由を奪うことを指します。つながりが自由を奪うような状況に苦しむ子どもたちの状況を十分に理解しつつ、教師は子どもたちと適切につながり、彼らと社会を適切に「つなぐ」役割を果たすことが求められています。

　このような話になると、"インターネットやスマホのことはよくわからない"と言いたくなる教職員や保護者も少なからずいらっしゃるでしょう。しかし、ネットいじめやSNSでの中傷、オンラインでの性加害・被害といった子どもたちの命にかかわる課題は、待ったなしで目の前にあります。私たちは子どもたちを「支える」存在でありたいと願っています。そのためには、まずは現状

を知り、整理することがその一歩となるでしょう。そして、たとえ得意ではなくても、少しずつ学び、行動することが重要ではないでしょうか。

とはいえ、私たちや子どもたちが直面している多くの問題や展開は、誰も経験したことのない新しい課題ばかりです。SNSでの中傷の問題ひとつをとっても、大人社会でさえ解決策が見つかっていない現状があります。正解はありません。しかし、だからこそ、子どもたちと「ともに歩む」なかでしか解決への道は拓けないのです。

本書（新時代の教育相談～つなぐ・支える・ともに歩む～）では、この待ったなしの新しい時代の展開に押しつぶされることなく、子どもたちをわれわれや社会とつなぎ、支え、そしてともに歩むために、教育相談の視点からその道筋を示すことを目指しました。各章では、現場で奮闘する多くの教職員の熱い想いをくみ取りつつ、現場の実情に寄り添いながら、教育相談の意義と実践を丁寧に掘り下げています。本書が新時代の教育相談の本質を理解する第一歩となることを心から願っています。

高岸　幸弘

Contents

〈第Ⅰ部　基本的知識〉

第1章　教育相談とは　　12

第1節　教育相談の目的と活動の体制………………………… 12

第2節　教育相談と生徒指導：チーム支援のあり方………… 15
　1．教育相談と生徒指導の関係（15）
　2．重層的な支援構造（18）

第3節　チーム学校と教育相談………………………………… 20
　1．チーム学校とは（20）
　2．チーム学校と家庭との関係（22）

第4節　教育相談のチーム支援のプロセス…………………… 24
　1．リアクティブな教育相談（25）
　2．プロアクティブな教育相談（28）

第5節　まとめ…………………………………………………… 30

第2章　学級経営における教育相談　　32

第1節　学級経営とは…………………………………………… 32
　1．学級経営と学級集団づくり（32）
　2．日本の学級集団の特性（33）
　3．日本での望ましい学級経営のあり方（35）

第2節　教師に求められるリーダーシップ…………………… 37
　1．PM理論（37）
　2．SL理論（38）
　3．サーバント・リーダーシップ（39）
　4．それぞれのリーダーシップ理論に共通するもの（41）

第3節　学級経営と教育相談の接点…………………………… 41

1．予防を目的とした学級集団への教育相談的アプローチ（41）
2．心理教育授業の実際（43）
3．まとめ（44）

▼▲ 第3章　子どもの発達とその課題　　46

第1節　発達とは何か……………………………………………46
第2節　発達の理論………………………………………………48
1．ピアジェの認知発達理論（48）
2．エリクソンの漸成発達理論（50）
第3節　小学生の発達とその課題………………………………51
1．身体的発達（51）
2．認知発達（52）
3．社会性の発達について（53）
4．課題（53）
第4節　中学生の発達とその課題………………………………55
1．身体的発達（55）
2．認知発達（56）
3．社会性の発達（56）
4．課題：中1ギャップ（57）
第5節　高校生の発達とその課題………………………………58
1．身体的発達（58）
2．認知発達（58）
3．社会性の発達（58）
4．課題：高1クライシス（59）

▼▲ 第4章　カウンセリングの理論と実践　　62

第1節　カウンセリングとは……………………………………62
第2節　カウンセリングの理論…………………………………63
1．精神分析的アプローチ（64）
2．認知行動的アプローチ（66）

3．パーソン・センタード・アプローチ（70）

　第3節　カウンセリングと教育……………………………………………73
　第4節　カウンセリングの技法……………………………………………74

▼▲ 第5章　子どものアセスメント　　78

　第1節　学校におけるアセスメントとは…………………………………78
　第2節　教師によるアセスメント…………………………………………79
　　1．一人ひとりのサインに気づく（79）
　　2．社会経済的背景のアセスメント（82）
　　3．学級のアセスメント（83）
　第3節　子ども理解に影響する要因………………………………………84
　　1．教師自身のアセスメント（84）
　　2．子どもの正しい理解を妨げる要因（86）
　第4節　SCによるアセスメント……………………………………………87
　　1．校内におけるアセスメント（87）
　　2．専門機関におけるアセスメント（88）
　第5節　SSWによるアセスメント…………………………………………92

▼▲ 第6章　教師に必要な精神医学的知識　　94

　第1節　なぜ必要か…………………………………………………………94
　第2節　精神科診断について………………………………………………95
　第3節　学齢期に遭遇しやすい精神疾患…………………………………96
　　1．その他の精神疾患（97）
　　2．神経症性障害、ストレス関連障害及び身体表現性障害（102）
　　3．統合失調症（103）
　第4節　精神疾患に環境が与える影響……………………………………104
　第5節　精神疾患が疑われる児童生徒とどうかかわるか………………104

〈第Ⅱ部　具体的問題への対応〉

▼▲　第7章　不登校の理解と支援　108

第1節　不登校の実態……………………………………………108
1．国の調査結果から（108）
2．民間団体による調査結果から（114）
3．不登校の要因分析に関する調査研究結果から（116）

第2節　不登校児童生徒への支援………………………………118
1．COCOLOプラン（118）
2．研究結果にみる教師による不登校への支援（120）
3．熊本大学"ユア・フレンド"の取り組み（121）

第3節　不登校をどのように理解するべきか…………………123

▼▲　第8章　いじめ問題の理解と支援　125

第1節　いじめとは………………………………………………125
第2節　いじめの件数……………………………………………126
第3節　いじめの解消……………………………………………128
第4節　いじめの重大事態………………………………………129
第5節　生徒指導提要の改訂……………………………………131
1．発達支持的生徒指導（131）
2．課題予防的生徒指導（132）
3．困難課題対応的生徒指導（134）

第6節　ネットいじめ……………………………………………134
第7節　嗜癖的ないじめ…………………………………………138
第8節　傷を負う保護者との連携………………………………139
第9節　おわりに：いじめの発生・維持・解消と教師による生徒指導……139

▼▲ 第9章　自殺予防とSOSの出し方に関する教育　　141

第1節　児童生徒の自殺の現状……………………………………………141
　1．日本の自殺者の推移（141）
　2．日本の自殺対策（143）

第2節　児童生徒の自殺の原因・動機……………………………………144

第3節　自殺の心理…………………………………………………………145

第4節　学校における自殺予防教育………………………………………147
　1．自殺予防教育とSOSの出し方に関する教育（147）
　2．自殺予防教育実施に向けての下地づくりの教育（147）
　3．生徒指導提要のなかの位置づけ（148）

第5節　自殺予防教育の実施にあたって…………………………………149

第6節　学校における自殺予防教育プログラムの展開例………………150

第7節　児童生徒の自殺への対応…………………………………………152

▼▲ 第10章　児童福祉領域との連携　　155

第1節　2％の子どもたち…………………………………………………155

第2節　子どもの理解と対応………………………………………………157

第3節　児童福祉施設との連携：「当たり前」を乗り越えて……………160

第4節　児童福祉施設を利用している児童生徒の教育相談……………162

第5節　児童心理治療施設における学校との協働：支援の実態………163

第6節　まとめ：心身の回復と成長………………………………………166

▼▲ 第11章　性の多様性のとらえ方　　168

第1節　性の多様性に関する現状…………………………………………168

第2節　性の多様性の基礎知識……………………………………………169
　1．「性」とは何か（169）
　2．用語の意味（170）
　3．性的マイノリティの人口（172）

4．性の流動性（172）
第3節　性的マイノリティに関する社会的課題……………………172
　　1．嫌悪（フォビア）（172）
　　2．マイクロ・アグレッション（173）
　　3．アンコンシャス・バイアス（173）
第4節　学校現場における性的マイノリティへの対応……………174
第5節　性に「敏感」で「肯定的」であること……………………174
第6節　アイデンティティの複雑さに「敏感」であること………176
第7節　性的マイノリティ児童生徒特有の困難と求められること……178

▼▲　第12章　児童生徒の性暴力の防止　　182

第1節　性暴力対策の強化の方針……………………………………182
　　1．性暴力の早期発見と対応（184）
　　2．性暴力に関する重層的支援構造（186）
　　3．児童生徒の性暴力（187）
第2節　生命（いのち）の安全教育による予防教育…………………188
第3節　教職員等の児童生徒性暴力等の防止について………………190
　　1．児童生徒性暴力等防止法（190）
　　2．教師の児童生徒に対する性暴力は誰の問題か（193）
第4節　性暴力の被害を受けた児童生徒への対応……………………195

あとがき（200）
索　引（202）

Part 1
基本的知識

1 教育相談とは
2 学級経営における教育相談
3 子どもの発達とその課題
4 カウンセリングの理論と実践
5 子どものアセスメント
6 教師に必要な精神医学的知識

Chapter 1
教育相談とは

　教育相談と言われてイメージするものはありますか？　この質問をされると、多くの人は自分の小中高時代の経験を思い出しながら、「学校で行われる相談は全部教育相談なのでは？」、「スクールカウンセラーのカウンセリングのこと？」、「通っていた高校では進路相談を教育相談と言っていたな」など、さまざまなことが浮かぶのではないでしょうか。確かにこれらはすべて教育相談に関するものです。しかし、教育相談にはもっと広い意味があり、児童生徒の個々の心身の健康、人間関係、学習や進路の悩みや問題だけでなく、学級経営や種々の問題の予防教育など、教師や専門職がかかわって支援を行う教育活動全般を指します。本章では、教育相談の目的や役割、支援体制の構造、そしてチームによる支援のプロセスについて概観します。教師や支援者としてどのように児童生徒に寄り添い、適切なサポートを提供できるのか考えていきましょう。

▼▲　第1節　教育相談の目的と活動の体制　▲▼

　学校教育の柱のひとつに各教科の授業、いわゆる学習指導があります。しかし、学校教育に重要な意義をもつものはそれだけではありません。学校教育の目的は何か、改めて考えてみてください。教育基本法第1条には「人格の完成を目指し、平和で民主的な国家及び社会の形成者として必要な資質を備えた心身ともに健康な国民の育成」と述べられています。つまり、学校教育には学習指導と並んで、児童生徒の人格の発達を支え、社会に受け入れられ自分らしく生きていくための力の獲得の支援も含まれます。それが生徒指導や教育相談なのです（図1-1）。児童生徒の悩みや問題に対応する教育相談を行う能力は、この学校教育の目的達成のために教師に期待される基礎的で重要な資質であり、教師の専門性のひとつなのです。

図1-1　学校教育を構成するもの

　社会や経済の変化に伴い、子どもや家庭、地

域社会も変容してきており、児童生徒や教育に関する課題が複雑化・多様化しています。それゆえ、教師に求められる教育相談の力は極めて重要です。ただ、すべての問題を解決できるような知識や能力を、ひとりの教師がすべて身につけることは不可能ですし、教師はそのようなことを求められているわけではありません。また、時代背景によっても教師に期待される教育相談の役割は異なります。そこで、これまでの教育相談の歴史を振り返り、現代の教師に必要とされる教育相談の視点や資質を考えてみます。

教育相談という言葉は、広木（2019）によると大正時代にまで遡ることができるようです。1917（大正6）年に心理学者の久保良英が児童教養研究所を設立し、そこで教育相談を行ったという記録があります。久保の教育相談活動は個別具体的な支援活動を行ったという点から、現代の教育相談と同様の活動とも言えます。ただ、生徒指導提要改訂版が示す現在の教育相談は、戦後1950年代から急速に進んだ高度経済成長の頃、米国のカウンセリングが紹介されたことと相まって、児童生徒の支援が期待された時代からのものです（羽田，2014）。1950年代から1970年代にかけては、経済の成長と並行して児童生徒の非行の数が増大し、教育現場での大きな問題になっていたため、カウンセリングが重視するような、児童生徒の状況や心を受容・共感する必要性が認識されていったことが背景にあります。ただ、大きな期待とともに導入されたカウンセリングは、学校現場では肯定的な受け止め方をされることはほとんどなく、教師の役割に大きな葛藤をもたらす結果となりました。従前の生徒指導が重視する、社会のルールを身につけることをねらいとした枠組みの提示を行うアプローチと、カウンセリングが重視する、相談者の素直な表現と心を理解するための枠組みを取り払うアプローチを、ひとりの教師が両方行うことに矛盾が生じたからです。また、枠組みを提示するアプローチを重視する教師と、枠組みを取り払うアプローチを重視する教師の、教育観の対立はときに深刻な場面も生みました。

1970年代の半ばには、非行は貧困を背景とした欲求充足型のものから、対教師暴力を含む、ストレスを発散させようとする遊び型の非行へと質的な変化が起こりつつも、その数は増えていきました。このような荒れた児童生徒に対しては規則や管理を強化し、厳格な対応をすることが増えていきました。一方で、

この頃、いじめや不登校の数も急速に増大しました。厳しい枠組みをあてはめる生徒指導がこの原因・影響要因のひとつと考えられるようにもなりました。そのような状況に直面したため、教育現場では児童生徒の心に目を向ける必要性に迫られたのです（斎藤, 2016）。そこで再びカウンセリングに注目が集まりました。児童生徒を受容し共感するカウンセリングをそのまま行うことはできないけれど、カウンセリングに臨む態度をもって児童生徒とコミュニケーションを図ることができるのだと考えられたのです。1984年に当時の文部省は、そのような態度をカウンセリングマインドという用語で表現し、「（児童生徒のこころの支援は）カウンセリングマインドを持ったすべての教師が環境的な問題の解決や子供の心理的発達を援助する積極的な教育活動です」と述べています。それでも教師にとっては、カウンセリングマインドをどのように理解し、教育現場で実践するべきか大きな課題であり続けました。この提起が十分に実践されるようになったのは1995年から開始されたスクールカウンセラー活用調査研究委託事業を通じてでした。
　スクールカウンセラー（SC）の導入は教育現場においては相当なインパクトがありました。教師が授業や種々の校務分掌をこなしながら、いじめや不登校といった深刻な課題だけでなく、新たに生じる問題に対応するのは困難なことです。対応に問題があれば批判を受けるのも教師です。そこに外部性、第三者性をもった専門性のあるスタッフが学校に入ってくることは、教師の本来の力を発揮するうえで非常に重要なものだったわけです。SCの心理学的な児童生徒の見方と、教師の教育学的な児童生徒の見方、そしてそれぞれの専門職の対話を通じてカウンセリングマインドという概念が理解され、それが結果として児童生徒の内面の理解につながっていったのです。2008年には「スクールソーシャルワーク活用事業」の開始によってスクールソーシャルワーカー（SSW）も導入されました。つまり、児童生徒の心の問題だけをみるのではなく、生活環境や人間関係に目を向けて、その環境をよくすることで、問題を解決できるようにサポートする資源が学校に加わったのです。SSWは、家庭に介入したり、関係機関のつなぎ役をとったりといった働きが期待されています。
　複数の専門職の専門性を活かして学校の課題に取り組むようになると、教育

相談がカバーする事がらも、児童虐待の早期発見と対応（第10章）、特別支援教育（第6章）、性の多様性（第11章）や自殺予防（第9章）などと広がりをみせています。まとめると、現代の教師に求められる教育相談の視点と資質は、目の前のさまざまな問題について専門家らとチームで取り組む視点や能力のほか、キャリア教育に代表されるような、将来に向けた相談にも目を向けることが求められているのです（文部科学省，2022）。

スクールカウンセラーとは（文部科学省，1995）
　臨床心理士、精神科医、心理学系の大学の常勤教員など、臨床心理に関し高度に専門的な知識・経験を有する者であり、心の専門家として、専門性を有しつつ、教師等と異なる立場として外部性があることから、児童生徒へのカウンセリング、教職員及び保護者に対する助言・援助を効果的に行う

スクールソーシャルワーカーとは（文部科学省，2008）
　問題を抱える児童生徒が置かれた環境への働き掛け、関係機関等とのネットワークの構築、連携・調整、学校内におけるチーム体制の構築、支援、保護者・教職員等に対する支援・相談・情報提供を行う

▼▲ 第2節　教育相談と生徒指導：チーム支援のあり方 ▲▼

1．教育相談と生徒指導の関係

　教育相談の目的は生徒指導提要改訂版で「児童生徒が将来において社会的な自己実現ができるような資質・能力・態度を形成するように働きかけること」とあります。教育相談は社会のなかで機能的で満足のいく生活ができるような力を育てることを目指すことがわかります。このような人格形成のための支援を行うことは、学校教育の柱のひとつである生徒指導でも同様です。生徒指導の目的は「児童生徒一人一人の個性の発見とよさや可能性の伸長と社会的資質・能力の発達を支えると同時に、自己の幸福追求と社会に受け入れられる自己実現を支えること」です（文部科学省，2022）。ここからわかるように、生徒指導と教育相談はどちらも児童生徒の人格発達の支援を行うという意味では共通しています。そして教育相談は、生徒指導から独立した教育活動ではなく生

徒指導の一環として位置づけられるものと記されています。さらに教育相談の特質と生徒指導の関係は次のように説明されています。

表1-1　生徒指導提要 1.1.3 生徒指導の連関性　(2) 生徒指導と教育相談

> ① 個別性・多様性・複雑性に対応する教育相談
> 　教育相談とは、一人一人の児童生徒の教育上の諸課題について、本人又は保護者などにその望ましい在り方について助言をするものと理解されてきました。教育相談には、個別相談やグループ相談などがありますが、児童生徒の個別性を重視しているため、主に個に焦点を当てて、面接やエクササイズ（演習）を通して個の内面の変容を図ることを目指しています。それに対して、生徒指導は主に集団に焦点を当て、学校行事や体験活動などにおいて、集団としての成果や発展を目指し、集団に支えられた個の変容を図ります。
> 　また、社会の急激な変化とともに、児童生徒の発達上の多様性や家庭環境の複雑性も増しています。例えば、深刻ないじめ被害のある児童生徒や長期の不登校児童生徒への対応、障害のある児童生徒等、特別な配慮や支援を要する児童生徒への対応、児童虐待や家庭の貧困、家族内の葛藤、保護者に精神疾患などがある児童生徒への対応、性同一性障害や性的指向・性自認に係る児童生徒への対応などが求められます。その意味では、生徒指導における教育相談は、現代の児童生徒の個別性・多様性・複雑性に対応する生徒指導の中心的な教育活動だと言えます。
> ② 生徒指導と教育相談が一体となったチーム支援
> 　教育相談は、どちらかといえば事後の個別対応に重点が置かれていましたが、不登校、いじめや暴力行為等の問題行動、子供の貧困、児童虐待等については、生徒指導と教育相談が一体となって、「事案が発生してからのみではなく、未然防止、早期発見、早期支援・対応、さらには、事案が発生した時点から事案の改善・回復、再発防止まで一貫した支援」に重点をおいたチーム支援体制をつくることが求められています。

　①の個別性・多様性・複雑性に対応する教育相談からわかることは、生徒指導も教育相談も目的は共通するけれど、生徒指導がどちらかというと集団に注目し、集団に適応することのできる力を身につける支援をするのに対し、教育相談は個に注目し、個別具体的に児童生徒の悩みや問題を理解し支援するものだということです。生徒指導が"one for all"の態度を形成することを目指すのに対し、教育相談は"all for one"の態度を身につけられるような支援をするとも言えるでしょう。どちらの態度も自立した人間として必要なものであることは間違いないでしょう。
　一方で、生徒指導提要の記述にもみられるように、実際の教育現場では「時には、毅然とした指導を重視すべきなのか、受容的な援助を重視すべきなのか

という指導・援助の方法を巡る意見の違いが顕在化する」こともあります。これはどのように考えていくとよいでしょうか。藤中（2024）は、自分が個人として大切にされているという感覚を人格の根底にもつことなしには、人間は生きてゆけない。この感覚こそが、他者や教師や学校や社会に対する基本的信頼感となると述べています（藤中，2024，p.121）。生きることはそれぞれの人が幸福の追求をしているとも言えるわけですが、これはいわば私益を追求している姿です。しかしながら、他者や教師や学校や社会を信頼する感覚をもって生きることは、私益の追求だけではなく、社会に貢献することにもつながるでしょう。これは公益の増大を目指した営みです。生徒指導の目的にも「社会に受け入れられる自己実現を支える」とありますが、まさにこれは他者や社会への貢献を見据えたうえでの生きがいの探求でしょう。学校教育の目的を鑑みたとき、学校教育は私益も公益の増大もどちらも大切にし、それを可能にする強く平和な社会を求める国民を育成することとなるはずです。児童生徒にとっての重要な社会は学校です。学校で個人を大切にする私益の意識は教育相談の視点であり、学校やクラスといった集団を大切にする公益の意識が生徒指導の視点なのです。

　学校という私益と公益の視点が交錯するなかで、教育現場ではさまざまな問題が発生します。例えば児童生徒の暴力的な言動などクラスメート間のトラブルが起きたとき、できるだけ時間をかけて彼らの内面を理解しようと試みつつも、速やかな日常の回復も必要なのではないかと感じるような局面はしばしばあるでしょう。当該児童生徒の内面を理解しその子を取り巻く状況を認めて受け止めることはもちろん大切です。一方で、そこには影響を受けるクラスメート、クラスそして学校という集団もいるわけです。どちらへの考慮も必要であることは明らかです。ですから学校現場では、個（私益）を大切にしつつ、集団（公益）の視点を忘れずに対応する必要があると言えます。両者が対立するのではなく双方の適切なバランスはどこになるかを考えながら問題解決に取り組むことが求められるのではないでしょうか。

2．重層的な支援構造

　生徒指導提要では、生徒指導と教育相談が一体となった支援を行うには、事後の対応だけでなく、事案が発生する前から行う対応もあることが述べられています。この背景には、これまで教育相談が主に、問題が起こった後に個別対応することに力を入れていたという現状があります。しかし現在では、不登校やいじめ、暴力行為、子どもの貧困、児童虐待といった問題に対しては、生徒指導と教育相談が協力し、問題が発生する前に予防したり、早期に発見して支援を開始したりすることが求められているのです。加えて、問題が発生した場合にも、改善や回復、さらには再発防止までを含めた一貫した支援体制が必要とされています。そのための生徒指導の構造として2軸3類4層構造による支援の体制（図1-2）が示されました。これはそのまま教育相談にもあてはまるものですので、図も生徒指導ではなく教育相談という言葉で示しています。

　2軸というのは図1-2の右端にある、①常態的・先行的（プロアクティブ）教育相談と②即応的・継続的（リアクティブ）教育相談です。これは児童生徒の課題への対応を時間軸で分類したもので、常態的・先行的（プロアクティブ）とは、すべての児童生徒を対象とした日常的なかかわりを通じて、問題の発生の予防や発達の支援を目指して行う積極的に先手を打つ教育相談です。即応的・継続的（リアクティブ）とは、課題のサインがみられたり問題の初期状態が生じたりしたときに早期発見と早期対応を行う教育相談と、明らかな問題や深刻な課題が顕在化した事態において、切れ目のない支援介入を行うという、困難事態に対応する教育相談をいいます。

　3類というのは、問題性の高さの観点から低い→高いの順に教育相談を、①発達支持的教育相談、②課題予防的教育相談、③困難課題対応的教育相談に分

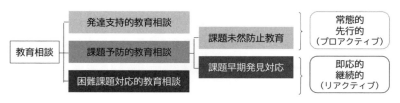

図1-2　教育相談の2軸3類4層構造

類したものです。①発達支持的教育相談はすべての児童生徒を対象とするプロアクティブなかかわりで、旧生徒指導提要の育てる教育相談の考え方がその土台となっていることがうかがえます。②課題予防的教育相談は、すべての児童生徒を対象とするプロアクティブなかかわりと、特定の児童生徒を対象とするリアクティブな支援介入とがあります。問題の早期発見のためには、いくつかの方法が考えられますが、生徒指導提要には代表的な方法として「丁寧なかかわりと観察」、「定期的な面接」、「作品の活用」、「質問紙調査」が挙げられています。それでも困難に陥っている児童生徒は、その状況を適切に表現できないこともありますので、教師が問題のサインに気づこうとする積極的な姿勢が必要となります。そして早期対応の方法としては「スクリーニング会議」、「リスト化と定期的な情報更新」、「個別の支援計画」、「グループ面接」、「関係機関を含めた学校内外のネットワーク型による支援」が挙げられています。③困難課題対応的教育相談は、深刻な課題を抱えている特定の児童生徒を対象とする支援介入です。先に問題や課題が顕在化した事態では"切れ目のない介入支援"を行うと述べましたが、これは、支援の途中で切れ目が生じる可能性があることへの注意喚起でもあります。そのことを踏まえ、困難な課題が顕在化した場合、長期的な手厚い支援を行うことが求められます。長期的な手厚い支援のためには、教師ひとりではもちろん、学校だけで行うことは困難なことが多いものです。困難課題対応的教育相談にあたっては、ケース会議を開き、校内の専門職資源を活用した対応だけでなく、学校外の関係機関と連携・協働することが重要です。

　そして4層というのは、第1層に発達支持的教育相談があり、次に第2層と第3層が続きます。これらは課題予防的教育相談を、課題性と時間軸に基づいて2つに分類したものです。第2層にはすべての児童生徒を対象として行う課題未然防止教育が、第3層には特定の児童生徒を対象とする課題早期発見対応があります。そして最上位に位置する第4層では、特定の生徒を対象とした、困難課題対応的教育相談が組み込まれています。このように、段階的に支援を提供する支援体制が重層的支援構造です。これを図示すると図1-3のようになります。

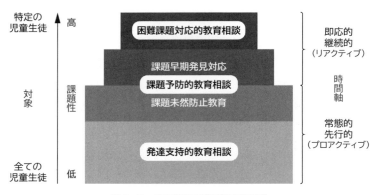

図1-3　教育相談の重層的支援構造

　最後に、児童生徒の悩みや問題に対して全教職員が一致して取り組みを進めるために、生徒指導と教育相談の両方の視点を大切にすることが必要ですが、そのために教職員に求められる態度として生徒指導提要では次の3点が示されています。正解のない問題に取り組まねばならないことの多い学校現場においてはいずれも重要な点です。

①指導や援助の在り方を教職員の価値観や信念から考えるのではなく、児童生徒理解（アセスメント）に基づいて考えること。
②児童生徒の状態が変われば指導・援助方法も変わることから、あらゆる場面に通用する指導や援助の方法は存在しないことを理解し、柔軟な働きかけを目指すこと。
③どの段階でどのような指導・援助が必要かという時間的視点を持つこと。

▼▲　第3節　チーム学校と教育相談　▲▼

1．チーム学校とは

　チームとしての学校いわゆる「チーム学校」とは、学校における教育支援を複数のメンバーで協力して行うという考え方や仕組みのことを指します。チーム学校は2015年12月の中央教育審議会答申で「校長のリーダーシップの下、カリキュラム、日々の教育活動、学校の資源が一体的にマネジメントされ、教職員や学校内の多様な人材が、それぞれの専門性を生かして能力を発揮し、子供

たちに必要な資質・能力を確実に身に付けさせることができる学校」と定義されています。その目的は、児童生徒一人ひとりの学習面や生活面のサポートを総合的に行い、すべての児童生徒が安心して学び、成長できる環境を整備することです。図に示したように、地域社会のさまざまな人たちと教育活動を行うことで、児童生徒は、学校での学びが学校内の閉じた活動ではなく、実際の社会に関連することを体験的に理解することができるようになるのです（図1-4）。

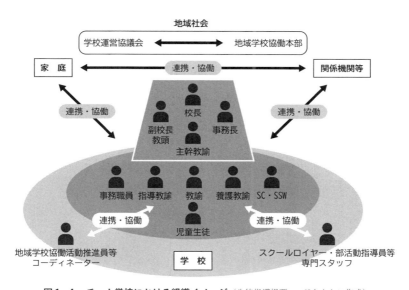

図1-4　チーム学校における組織イメージ（生徒指導提要, p.69をもとに作成）

　第1節で説明したように、歴史的にみると、もともと児童生徒の問題への支援は担任教師が中心となって実施していました。しかしながら、近年の問題の多様化やそれに対応するための生徒指導や教育相談の一体化の必要性などもあり、学校内外の専門家と連携していく必要性が高まっていきました。そのようななか、先の中央教育審議会で「チームとしての学校の在り方と今後の改善方策について」が答申され、チーム学校の展望が示されたわけですが、答申ではチーム学校が求められる背景を以下のように3点示しています。

①新しい時代に求められる資質・能力を育む教育課程を実現するための体制整備
②児童生徒の抱える複雑化・多様化した問題や課題を解決するための体制整備
③子供と向き合う時間の確保等（業務の適正化）のための体制整備

　このうち①は日々の学びの意義や意味を見出すために必要となる体制を指摘しています。教育相談のプロアクティブな取り組みの基礎を生み出す背景要因とも言えるでしょう。②は養護教諭、SCやSSWをはじめとした専門職や、学校外部の専門職、そして教師のなかでも校長やミドルリーダーのリーダーシップに期待した多職種連携の体制づくりの必要性を指摘したものです。これは単に多くの種類の専門職が学校教育に関与すれば達成されるものではなく、学校の教育目標のもとに学校全体を動かしていく機能の強化のためには、管理職のリーダーシップや学校のマネジメントのあり方の検討が求められます。③は教師の仕事量に関する懸念でもあります。OECD加盟国等48ヵ国・地域が参加する学校の学習環境と教師を取り巻く勤務環境に焦点化した教員指導環境調査（TALIS：Teaching and Learning International Survey）という国際調査があります。TALISの2018年の調査結果では、日本は他国の平均よりも学級の規律が整っており、学習を行ううえでよい雰囲気が保たれていることが報告されています。一方で、教師の仕事時間は参加国中で最も長く、人材不足感も大きいということが明らかとなっています（文部科学省, 2022）。児童生徒に対して有効な教育相談活動を行うためには、言い換えると教師の専門性が十分に発揮されるためには、①②とも関連しますが、連携と協働によって負担軽減を図ることやより有効な人材育成が必要だと指摘しているのです。これには学校文化の見直しも含め、抜本的な体制の変革も求められる場合もあるでしょう。

2．チーム学校と家庭との関係

　学校と教師の役割は、児童生徒に必要な資質や能力を育てることにあるため、家庭や地域と連携・協力しながら、ともに児童生徒たちの成長を支える仕組みを整えることが大切です。さらに、学校や教師が児童生徒たちに必要な資質・能力を育むための教育活動に重点をおいて取り組めるようにすることが重要で

す。図1-4をみると、連携・協働先のひとつとして家庭が挙げられます。教育基本法第10条では家庭教育について、「父母その他の保護者は、子の教育について第一義的責任を有するものであって、生活のために必要な習慣を身に付けさせるとともに、自立心を育成し、心身の調和のとれた発達を図るよう努めるものとする。」と記されています。家庭教育が児童生徒に及ぼす影響は非常に大きく、教育相談活動もその影響を直接的にも間接的にも受けることになります。

　学校教育を円滑に進めるためには、学校と家庭との協力関係の構築が不可欠です。保護者が積極的に学校の教育活動に参加することで、生徒指導の効果が一層高まると言っても過言ではありません。保護者との関係を深めるための主な手段として、学級通信や学校便り、保護者会、PTA活動、三者面談、学校行事などが挙げられます。また、保護者にすぐに電話連絡すべき内容を事前に明確にし、そのような事案が発生した際には、迅速に連絡をとることで、保護者との信頼関係を築くことにつながります。さらに、学校の生徒指導基本方針について、保護者と学校が共通の理解をもつために、学校の教育目標や校則、望まれる態度や行動、課題への対応方針などを保護者に知らせ、合意を得ることが重要です。そのためにも保護者のニーズや情報を十分に把握することが不可欠です。例えば、保護者が子どもの様子を知りたいと希望する場合でも、全体的な学校生活についての情報を求める場合もあれば、特定のクラスメートとの関係に関する情報を知りたい場合もあります。ニーズを的確に把握するためには、多忙な日々の業務のなかで、保護者と十分な時間をかけて対話する機会をいかに設けるかが重要です。

　たとえ保護者のニーズに完全に応える報告ができなくても（ニーズに対応するかどうかは慎重に検討する必要がありますが）、学校が児童生徒のために熱心に取り組んでいることを理解してもらうことが、信頼関係を築くためには重要です。そのため、できるだけ現実に基づいた情報を保護者に伝えるべきです。ただし、自分の子どもが問題に直面している保護者は、不安や怒りを感じていることが多いため、一度に大量の情報を提供すると、誤解が生じたり、理解が追いつかなかったりして信頼が損なわれることもあります。保護者の状況を考慮しなが

ら、どのような内容を、どの程度、どのように伝えるかについては、担任だけでなくチーム全体で検討し、決定することが望ましいでしょう。

　一方で、日本ではひとり親家庭が増加傾向にあります。こども家庭庁による2021年のひとり親世帯等調査では、推計値で母子家庭世帯が約120万世帯、父子家庭が約15万世帯でした（こども家庭庁，2021）。また、日本人の相対的貧困率は15.4％とOECD平均の11.4％と比べて高く、そしてこの割合は漸増傾向にあることが大きな社会問題となっています。さらに、そのなかでもひとり親家庭での貧困率は、この四半世紀では1997年の63.1％をピークに減少傾向にありますが、2021年は44.5％と非常に高い水準で高止まりしている実態があります。そのため、保護者自身が支援を必要とするケースも少なくありません。そのような場合には、SSWとの連携を図り、学校と関係機関が情報を共有し、児童生徒と保護者の両方に対する支援を検討し、実施していくことが求められます。

▼▲　第4節　教育相談のチーム支援のプロセス　▲▼

　チーム学校で重層的な支援を行うにあたり、いじめや暴力行為といった非行は生徒指導部門が、不登校は教育相談部門が、進路についてはキャリア教育・進路指導部門が、発達の偏りによる課題等は特別支援教育部門が対応するという形で、それぞれの部門が独立して働きかけることがしばしばあります。それぞれの部門の独立性が重要な場合もありますが、分業体制が強すぎることで協働を妨げる可能性もあります。例えばひとりの生徒が複数の部門にわたって課題を抱えている場合、スムーズな対応が困難になったり、情報共有が非効率的になったりするような事態も生じかねません。児童生徒に生じた課題について支援を行う際には、それぞれの部門の線引きをするのではなく、包括的な支援体制をつくることが求められます。その際留意する事項について、以下に重層的支援の（1）リアクティブな教育相談を行う場合のチーム支援のプロセスと、（2）プロアクティブな教育相談を行う場合のチーム支援のプロセスを説明します。

1．リアクティブな教育相談
（困難課題対応的教育相談と課題早期発見対応：図1-6）
（1）チーム支援の判断とアセスメントの実施

　第2節で指摘したように、児童生徒の問題の評価は対応にあたる教師の価値観で行うのではなく、さまざまな視点をもちよるケース会議を開催しアセスメントをすることが重要です。実際の支援の内容はこのアセスメントによって決定していくため、「アセスメントは、チーム支援の成否のカギを握っていると言っても過言ではありません（文部科学省，2022）」。

　チーム支援の必要性も、アセスメントを通じて情報を整理しながら判断していきますが、その中心となるのは児童生徒の理解です。アセスメントにはさまざまな方法がありますが、心理学、精神医学、福祉の分野でよく用いられている代表的なモデルに、生物・心理・社会モデル（BPSモデル）があります。このモデルは、人間が生物的側面、心理的側面、社会的側面の相互作用によって成り立っているという考え方に基づいており、疾病や適応に問題が生じた場合も、これら3つの側面が絡みあって影響を及ぼしていると理解します。BPSモデルの詳細については、第5章「子どものアセスメント」を参照してください。

（2）課題の明確化と目標の共有

　ケース会議の目的は、表面的な問題だけでなく、児童生徒や家庭が抱える本質的な課題を明らかにすることです。それによって、必要な支援や介入の内容を決定し、どのように実施するかを計画することが可能となります。その際、具体的な目標を共有することが重要です。例えば「友人関係がうまくいっていない」や「家庭環境を把握する」といった漠然とした課題や目標では、効果的な支援計画を立てるのが難しくなります。

　さらに、指導や援助は中長期にわたって継続される必要があり、長期的な目標と、それに向けた短期的・段階的な目標設定が不可欠です。状況に応じて短期目標を修正したり、次のステップに進んだりするため、ケース会議は継続的に行うものだという共通理解をもつことが大切です。

（3）チーム支援計画の作成

　アセスメントやケース会議での検討を経て、問題解決のための具体的な支援

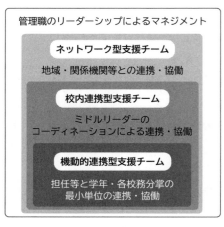

図1-5　支援チームの形態（生徒指導提要, p.92 をもとに作成）

介入の計画を立てていきます。チーム支援計画には、何を目標に（長期目標および短期目標）、誰が担当するか（支援担当者や支援機関）、どこで支援を行うか（支援場所）、どのような支援を実施するか（支援内容や方法）、いつまで支援を行うか（支援期間）といった要素を盛り込む必要があります。

支援チームの形態には、図1-5に示されているとおり、いくつかの種類があります。問題の内容に応じてチームを編成します。担任や学年主任、生徒指導主事など、校内の最小単位の連携・協働を中心に支援を行う「機動的連携型支援チーム」、これに加えSCやSSWなどの専門職らとミドルリーダーがコーディネートして支援を行う「校内連携型支援チーム」、さらには、学校、家庭、教育委員会、地域の関係機関と連携して支援を行う「ネットワーク型支援チーム」があります。いずれも、校長など管理職のリーダーシップのもとでマネジメントされています。

（4）チーム支援の実践

アセスメントに基づいたチーム支援計画を立案したのち、チームによる支援介入を実施します。その際生徒指導提要では以下の3つに留意することが記されています。

- 定期的なチームによるケース会議の開催
- 関係者間の情報共有と記録保持
- 管理職への報告・連絡・相談

支援を行うなかで、当初の見立てや目標が変わることがあります。そうした変化は、支援対象である児童生徒の理解が深まったり、関係性が変わったりした証拠であり、決してネガティブなことではありません。ただし、チームで支援を行っていることを踏まえ、変更の決定は定期的なケース会議で共有するこ

とを忘れないようにしましょう。

　チーム内での検討結果を含め、実際に行った支援は記録しておく必要があります。これはチーム内での情報共有だけでなく、今後別の支援介入を行う際の参考や目安になるという意味でも重要です。

　管理職は通常、チーム支援のマネジメント役を担うことが多いため、適切なマネジメントが行われるためにも、報告・連絡・相談は欠かせません。管理職は得られた情報をもとに支援の経過を評価し、必要に応じて指示や助言を行います。

（5）点検・評価に基づくチーム支援の終結・継続

　チーム支援計画で設定した長期および短期の目標に対して、例えば学期末や学年末に総括的評価を行うことが求められます。目標が達成されたと判断された場合には、チーム支援を終了します。もし支援が年度をまたぐ場合は、継続的な支援を確保するために、前年度の終わりに連絡と引き継ぎ事項の確認を行います。年度をまたぐケースでは、新年度における環境の変化（クラス替えや新しい担当教員の登用など）が、児童生徒の適応や進捗に影響を与える可能性があるため、これらの要因も考慮しながらアセスメントを行うことが求められます。特に引き継ぎが不十分であると、過去の支援内容や効果が途絶えたり、新たな課題が見逃されたりするリスクがあります。そのため、関係者間で密に連絡を取りあい、具体的な事例や対応方法を共有することが重要です。

　この総括的評価においては、個別の状況に応じた柔軟な判断が求められます。例えば、目標が完全には達成されていなくても、児童生徒の成長や変化が認められる場合には、次の段階に進むための支援内容を調整することが重要です。また、チーム支援計画を見直す際には、チーム内での情報共有や役割分担を再確認し、支援の一貫性を保つことが必要です。

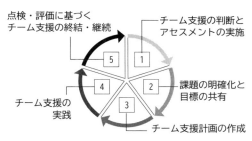

図1-6　チーム支援のプロセス（生徒指導提要，p.90をもとに作成）

2．プロアクティブな教育相談
（発達支持的教育相談と課題未然防止教育：図1-7）
（1）学校状況のアセスメントとチームの編成

　発達支持的教育相談でも、困難課題対応的教育相談や課題の早期発見対応と同様に、アセスメントから支援が始まります。ただし、すべての児童生徒を対象とした教育相談であるため、アセスメントの対象は、学校や学級、そして児童生徒全体の状況把握を行うことになります。これには、いじめや不登校の件数、定期テストの点数の変化など、数値データの分析によって見えてくる実態もあれば、教師が観察した学校全体の状況や感じた雰囲気などの定性的な情報も重要です。さらに、第2節で述べたように、教師に求められる態度に示した通り、その判断は個人の価値観に基づくものではなく、今後行われる会議や検討会で評価を行うことが重要です。

（2）取り組みの方向性の明確化と目標の共有

　収集されたさまざまな情報から取り組みの方向性を明確にしていきますが、常に意識すべきことは、個人ではなく組織全体で取り組むという姿勢です。すべての児童生徒を対象に、学校全体の状況を考慮して目標を立てる際、教師一人ひとりの取り組みの質は重要であるものの、統一した考えのもとで進めなければ、目標の達成は困難となります。

（3）取り組みプランの作成

　取り組みプランの立案では、学校を取り巻く環境を内部環境と外部環境に分けて考えることが重要です。内部環境には児童生徒、教職員、校内の体制、施設、校風や伝統などが含まれ、外部環境には保護者、地域住民、関係機関、自然や風土、産業などが含まれます。それぞれの「強み」と「弱み」を明らかにし、実現可能な取り組みの方向性を見極めることが求められます。この取り組みプランを進めるうえでさらに留意すべき点は、関係者間の十分なコミュニケーションと協力体制の構築です。内部環境と外部環境を区別して分析した結果は、教職員だけでなく、保護者や地域の関係者とも共有し、協力を得ながら実施することが重要です。特に、外部環境に関わる保護者や地域住民の意見やニーズを反映させることで、学校の取り組みがより実効性をもつようになります。

(4) 取り組みの具体的展開

目標を達成するためには、時間軸を意識した取り組みが不可欠です。長期的な視点をもちながら、学年や学期といった中期的な区切りでの計画を立てることが大切です。そして、教科の特定の単元や学校行事などの短期的な取り組みを効果的に組み込むことで、バランスのとれた進展が期待できます。これらの取り組みは、児童生徒の成長段階や学校・地域の特性に応じて進められる必要があります。このような時間軸に基づく計画を進めるうえで、さらに留意すべき点は、学校全体が共通の目標をもち、一貫した取り組みを維持するための協力体制です。各教職員が個別に努力するだけでなく、学年を超えた連携や、学校内外の関係者との密なコミュニケーションを図ることが不可欠です。特に、学年ごとの目標や計画が全体的な学校方針と一致しているかを定期的に確認し、必要に応じて柔軟に調整することが求められます。

(5) 点検・評価に基づく取り組みの改善・更新

プロアクティブな教育相談においては、計画（Plan）、実行（Do）、評価（Check）、改善（Action）のいわゆるPDCAのサイクルで行うことが重要です。また、計画の実施後には、その進捗状況を定期的に評価し、必要に応じて柔軟に修正していく仕組みも整える必要があります。評価には定量的なデータだけでなく、教職員や児童生徒、保護者からのフィードバックも含めることで、実際の効果を多角的に確認することができます。取り組みが進むにつれ、初期の目標やアプローチが状況に合わなくなる場合もあるため、柔軟な対応が求められます。

最後に、取り組みを継続的に発展させるためには、成功事例だけでなく課題や反省点を記録し、次年度以降の計画に反映させることが不可欠です。このプロセスを通じて、学校全体での取り組みが進化し、児童生徒への支援や環境整備が着実に改善

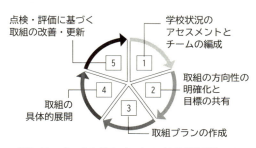

図1-7　チーム支援のプロセス（生徒指導提要, p.94をもとに作成）

第1章　教育相談とは

されていくことを目指します。

▼▲ 第5節　まとめ ▲▼

　教育相談は単に問題を解決するための手段ではなく、児童生徒の成長を支えるための重要なプロセスです。教師として多様で複雑な現実に直面することは少なくないかもしれませんが、児童生徒一人ひとりの背景や状況を理解し、彼らが健やかに成長する手助けを行うことが、教師の重要な役割となります。

　また、教育相談が支援する領域は広がり続けています。過去の経験も正解もない問題が今後発生することもあるでしょう。教師自身の成長と、よりよい支援の提供のためにも、教師には学び続ける姿勢が求められます。そしてそのような児童生徒への支援に情熱を持ち続ける姿勢や努力は必ず成果をもたらすのです。

▶▶　**ディスカッショントピック**

① あなたが小中高校時代に体験した教育相談はどのようなものだったかグループでシェアしてみましょう。

②「服装の乱れは心の乱れ」と言いますが、実際に少し目立つ格好をして登校してきた生徒がいた場合、あなたは服装の乱れに注目しますか？　それとも心の乱れに注目しますか？　それはなぜですか？

【引用文献】

藤中隆久（2024）非行・暴力行為．本間友巳・内田利広（編著）改訂版．はじめて学ぶ生徒指導・教育相談．金子書房．pp. 112-123.

羽田紘一（2014）なぜ、教育相談を必要とするのか．羽田紘一（編著）新・教職課程シリーズ　教育相談．一藝社．

広木克行（2019）教育相談の歴史と変遷．春日井敏之・渡邉照美（編著）教育相談．ミネルヴァ書房．pp. 1-18.

こども家庭庁（2021）こどもの貧困対策・ひとり親家庭支援の現状について．

文部科学省（2022）生徒指導提要（令和4年度改訂版）．

文部科学省（2022）OECD国際教員指導環境調査（TALIS）2018調査結果vol.2（令和2年3月23日公表）．
文部科学省（2008）スクールソーシャルワーカー活用事業．
文部科学省（1995）スクールカウンセラー活用調査研究委託事業．
斎藤富由起（2016）教育相談の歴史と対象．斎藤富由起・守谷賢二（編著）教育相談の最前線―歴史・理論・実践―．八千代出版．pp.2-8.

Chapter 2
学級経営における教育相談

> 皆さんは、「学級経営」という言葉を聞いてどんなことを連想しますか？ また、どのような学級経営が望ましいと考えますか？ イメージすることは、意外と人によって異なるのではないかと思います。現行の教員養成課程は、残念ながら学級経営というものを十分に教わるように設計されていません。しかし、初任の先生であっても、いきなり担任を受けもつことはあり、このことは大きな負担になります。ただ、学級経営の基本は「教育相談」のマインドであると筆者は考えています。本章では、学級経営のいろはとともに教育相談との関連について扱っていきます。

第1節　学級経営とは

1．学級経営と学級集団づくり

　学級経営は教員免許法において教科として位置づけられていませんが、教師になった際には重要な業務のひとつとなります。例えば熊本県教育委員会（2024）は、初任者が必ず精読する「基礎期における手引書」のなかで学級経営について章立てし、冒頭でその意義を以下のように示しています。

> 　学級経営とは、その担任教師が学校の教育目標や学級の実態を踏まえ作成した学級経営の目標・方針に即して、必要な諸条件の整備を行い運営・展開されるものである。
> 　つまり、学校における様々な学習活動や学級活動等で、一人一人の児童生徒が、十分に能力を発揮できるように、人的、物的、運営的諸条件を整備し、望ましい学級集団をつくろうとするものである。

　このように、学級経営は非常に重要で、かつ目的性をもち計画的な取り組みを求められていることがわかります。具体的には、グループ編成や係活動といった人的条件、教室の環境整備や座席の決め方といった物的条件、学校・学級の決まり、朝・帰りの会といった運営的条件を整備し、望ましい学級集団及び生活集団の育成を目指す、とされています。また、学級集団の成立条件として、

学級の教育目標について共通の理解をもっていること、学級の教育目標達成のために役割の分担があること、学級のメンバーに学級への所属感があること、学級の規律を確立すること、各メンバーの個人的欲求が充足されること、等が挙げられています。教師にはこれらの条件を達成すべく、児童生徒一人ひとりと向きあいながら創意工夫を凝らしていくことが求められます。

　そもそも学級経営（classroom management）という用語は、Bagley（1907）が「教室の秩序の維持と、それによる授業の効率化」として用いたことが始まりとされており、時代の流れとともにその意味は変遷してきているように思います。「学級」を「経営」するというのは、例えば会社経営において社長や上司が社員をある意味で一方的に「管理」するといったようなイメージを、そのまま学級にあてはめてしまいがちではないでしょうか。しかし、それは必ずしも適切ではありません。上述の「一人ひとりの児童生徒が、十分に能力を発揮できるように」という目標は、担任教師が学級を厳しく律して教師の思い通りに、もしくはやりやすいように授業を進めていくということでは、決して達成できません。あくまで児童生徒一人ひとりが主役になり、意欲的・積極的かつ主体的に行動できることを前提としています。教師は、そうした学級をつくるために機能していく必要があります。

　ところで、実は日本における教師の役割や学級集団は、他国と比べてある種の独自性をもっています。次項ではその内容についてみていきます。

２．日本の学級集団の特性

　二宮（2006）によれば、世界の学校は以下の３つのタイプに分類できるといいます。１つ目は、教科中心型の学校です。ドイツやデンマーク、フランスなどのヨーロッパに典型的にみられるスタイルで、学校は教科を教える勉強の場に特化しており、しつけや生徒指導的ケアリングは家庭や教会の責任と考えられ、課外活動（特別活動）も行われないそうです。入学式や卒業式なども行われないところもあるそうで、日本でいえば民間の、とりわけ個別指導式の学習塾に近いのかもしれません。２つ目は、旧ソ連やキューバ、中国といった、（旧）社会主義の国々の学校です。これらの国々では、ヨーロッパ大陸の伝統

に基づく教科中心の教育課程を中心とし、その教育課程に社会主義思想・イデオロギー教育を組み込んでいるそうです。また、社会主義思想は学校だけでなく地域でも一体的に教える体制がとられています。3つ目は、イギリスやアメリカなど、かつての英連邦国家であった国々の学校です。このタイプの特徴は、教育内容について国家の定める統一基準（日本でいう学習指導要領）はなく、州、学区、学校にその裁量が大きく委ねられているそうです。さらに、教科指導に加えて、生徒指導体制が確立され整備されており、教科・科目の履修指導や進路・職業ガイダンス、心理相談等も行われています。ただし、機能の拡大に伴いガイダンス・カウンセラーといった専門職がその役割を担う体制がとられているとのことです。日本の学校システムは、第2次世界大戦後、GHQ（連合国軍最高司令官総司令部）の占領政策により、アメリカのシステムがモデルになっています。

　しかし、学級集団を組織する目的や考え方は、日本と英米とでも異なっています。ここで、「機能体」と「共同体」という考えを紹介します。「機能体」とは、特定の目的を達成することを目指した集団で、成員の役割や責任が明確になっていて、集団のあり方も明確です。学級でいえば、児童生徒個々の学習の定着に主眼がおかれます。一方、「共同体」とは、血縁や地域、ある特定の精神を共通にするという意識などのつながりで生まれ、成員間の相互依存性が強く、成員の生活の安定や満足感の追求を目的とした集団です。きちんと明文化された規則というよりは、成員同士が共有する暗黙のルールが集団の規律を維持していく側面が強いです。英米では、学級集団は学習集団としての「機能体」の特性が強く、日本では、「共同体」の特性を有し、同時に学習集団としての「機能体」の役割も担っているのです。日本では、単に子どもたち個々の学習の定着だけに主眼をおいているわけではなく、学級集団のなかで班活動や係活動、当番などを通して、心理社会的な発達の促進が目指されます。義務制である小中学校において特にこの傾向は強いと言えます。

　さらに、藤井（2002）によると、義務教育に対する考え方も、世界の国々では大きく2つの類型に分けられます。ひとつは「教育義務」と考える立場で、一定の条件のもとで学校以外の場での教育も義務教育として認めるという考え

方です。イギリスやアメリカ、フランス等の欧米諸国が取り入れています。一方、もうひとつは「就学義務」と考える立場で、原則として義務教育の形態として国の定めた学校に就学する方法しか認めない考え方です。日本をはじめ、韓国、中国、ドイツ、スペインなどの国々がこちらを取り入れています。例えば日本で不登校が社会問題化しているのは、就学義務が前提であるということを念頭においておく必要があります。

　そして、日米の教師の仕事にも違いがあります。八並・國分（2008）によれば、アメリカでは教師は一般に学習指導に従事し、担任や校務分掌、部活動顧問といった業務には携わらないようです。なぜなら、ガイダンス全般に関する仕事は、その専門職であるガイダンス・カウンセラーが担当するからです。他にも教師以外の専門家が組織されています。給食もなく（外食業者が参入）、掃除も清掃職員が行います。徹底した分業制であると言えます。一方、日本では学習指導も生徒指導も特別活動も（そして一部では部活動等も）、教師が担います。このような前提のなかで、日本の教師には「学級」を「経営」するということが求められているのです。

　ただ、ここで読者に気をつけてもらいたいのは、「日本の学校の先生は、なんでもやらされて大変だ」ということではありません。日本は共同体としての組織を前提とするからこそ、学校は仲間づくりの場になり、社会性を身につけることにも貢献していますし、そこに教師が積極的に関与することは教師自身にとっても喜びとなるはずです。不登校の問題にしても、日本では誰も見捨てない、取り残さないことを目指して就学義務制が継続し、現在では多様な学びのあり方も少しずつではありますが認められてきています。児童生徒に対してあらゆる側面により近い立場で接し彼らの成長に貢献できるのが、日本の教師の仕事と言えるのではないでしょうか。ただ、その分あらゆる業務をまんべんなく、かつ臨機応変にこなしていく必要はあるでしょう。

3．日本での望ましい学級経営のあり方

　これまでみてきたように、日本の学校は共同体＋機能体であり、教師は児童生徒への学習指導だけでなく生徒指導や特別活動等を通して、児童生徒の心理

社会的発達を促す役割も担っています。それゆえに河村（2010）は、日本の学級は集団体験を通した体験学習によって教育力をもつような集団づくりを行うことが必要であると述べています。まずは学級に所属する一人ひとりの、学級生活の満足度・充実度を向上させることが重要とし、そのために、①学級生活において人から傷つけられないこと、ストレスが低いこと、②学級内で児童生徒一人ひとりの所属欲求、承認欲求を満たすこと、といった内容が求められるとしています。さらに、学級環境の整備や集団活動・授業の展開の工夫の指針として、①対人関係や集団生活のマナーやルールを児童生徒に共有させる、②教師と児童生徒、児童同士の間にリレーションを形成する、という2点を挙げています。学級という場所がまず安心・安全であり、そのうえで、自己表現が認められ、他者から承認を得られることで、より学級集団に対して貢献していこうという意識も芽生えていくということではないでしょうか。そのことで、さらに学級が居心地の良い場になっていくことが期待できます。共同体としての意義を有効活用し、一人ひとりの成長を促していくことが、望ましい学級経営のひとつのあり方ではないでしょうか。

　そのために、河村（2010）は、グループアプローチの考え方を活かした学級経営を提案しています。グループアプローチとは、個人の心理的治療・教育・成長、個人間のコミュニケーションと対人関係の発展と改善、および組織の開発と変革などを目的として、小集団の機能・過程・ダイナミクス・特性を用いる各種技法の総称であり（野島, 1999）、心理療法（カウンセリング）の領域から発展した集団への介入方法です。心理療法では、外側から一方的に目標や基準を決定・提示して対象者へ達成を求めていくのではなく、あくまで対象者の可能性を信頼し、自主性を尊重し、対象者のペースでできることを増やしていくことを大切にします。グループでは、過度な競争にならぬよう、相互に相手を尊重し、自他の可能性を信頼し、広げていくことを重視します。河村は実際に小学校の学級に対して年間を通してグループアプローチを導入したクラスにおいて、児童のモラルの向上と人間関係の広がり・親密性の高まりを確認しています。グループアプローチは、児童間に対等の活動、学級集団への参加の機会を提供し、児童間の差異の固定化を抑制し、児童たちのリレーションスキルを

向上させ、児童間のリレーションの形成を促進させる可能性を示唆しています。

ここで重要なのは、グループアプローチによって児童同士の関係が良くなっていくだけでなく、互いのモラル意識も高まっているという点です。つまり、学級に安心していられるよう、互いが意識しあって過ごせるようになっているわけです。それは、一部の児童がただ楽しく過ごせたということでなく、すべての児童が互いに楽しく過ごすために必要な守るべきルールについても自覚することができるようになっていることを示唆しています。このことは、グループアプローチが明らかに児童たちの心理社会的発達に寄与していると言えます。日本の学校における学級経営において、このような取り組みは非常に有効ではないかと考えます。

▼▲ 第2節　教師に求められるリーダーシップ ▲▼

次に、学級経営において教師に求められるであろうリーダーシップについて、これまでの研究で明らかになっているいくつかの理論を取り上げておきます。教師を目指す人のなかにはリーダーシップをとることを苦手と感じている人もいるだろうと思います。そのような人ほど、この節はしっかりと読んでください。

1．PM理論

PM理論とは、Performance function（P機能）とMaintenance function（M機能）の頭文字をとったものです。P機能は目標達成機能、M機能は集団維持機能と訳され、それぞれリーダーがとるべき行動の機能とされます。P機能は成果を出すために発揮されるリーダーシップのことで、具体的には目標の設定や計画の策定、メンバーへの指示や課題解決などがあてはまります。一方で、M機能は集団をまとめるために発揮されるリーダーシップを指すもので、メンバーの様子を普段からよく観察して積極的なコミュニケーションをとる、メンバー間に何か対立が起こった際にその解決を図る、といった行動が挙げられます。それぞれ、強く発揮されている場合は大文字で、あまり発揮されなければ

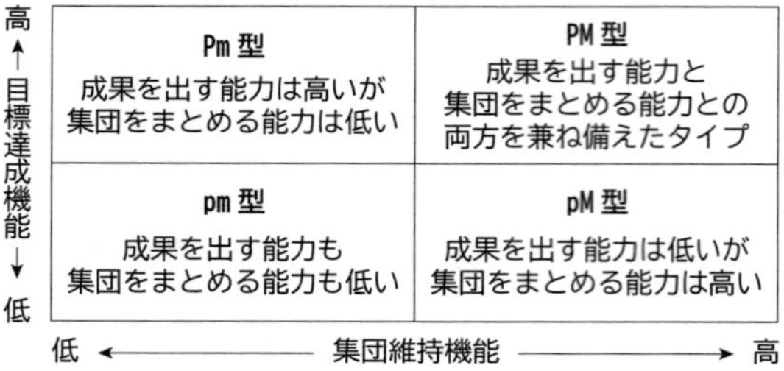

	高 ← 目標達成機能 → 低	
	Pm 型 成果を出す能力は高いが集団をまとめる能力は低い	PM 型 成果を出す能力と集団をまとめる能力との両方を兼ね備えたタイプ
	pm 型 成果を出す能力も集団をまとめる能力も低い	pM 型 成果を出す能力は低いが集団をまとめる能力は高い
	低 ← 集団維持機能 → 高	

図2-1　PM理論

小文字で表し、PM、Pm、pM、pmと4つのタイプに分類されます（図2-1参照）。最もリーダーシップが発揮されるのはPM型で、学級集団における目標達成・問題解決と集団の人間関係維持がバランスよく保たれていると言えます。一方、Pm型はリーダー（担任）による目標達成が優先されすぎて、集団内の児童生徒同士もしくは児童生徒と担任の関係がうまくいかなくなってしまっている状態を指します。また、pM型は逆にリーダー（担任）が人間関係維持に注力しすぎて、目標達成がおろそかになってしまっている状態です。pm型は、どちらの力も弱いため、学級集団としては何かをなす力も弱く、居心地も悪い状態と言えます。

　さて、先の河村（2010）の提案した、グループアプローチの考え方を活かした学級経営は、4つのタイプのうちどれにあてはまると思いますか？　少なくともMであろうと思います。加えてPであれば言うことはないでしょうし、そうあるべきです。なぜなら、しっかりとしたルールが守られていなければ、互いを信頼しあった人間関係の深まりは期待できないからです。そのために、担任にはときに毅然とした態度が求められます。

　なお、PM理論は集団に対するリーダーの行動の結果についての評価であるため、状況に含まれるさまざまな要因を含んでおらず、複雑な課題を単純にとらえすぎているという批判もあります。しかし、単純であるからこそわかりやすく、自分の振る舞いが児童生徒にどのように影響しているかを振り返るのに役立つでしょう。

2．SL理論

　SL理論とは、SituationとLeadershipの頭文字をとったもので「状況対応型リーダーシップ理論」とも言われ、児童生徒の状況に合わせてリーダーシップのスタイルを変化させる理論のことです。SL理論では児童生徒を①何をして

いいのかわからず、ミスも恐れるタイプ、②何をしていいかわからないが、積極的に行動したいタイプ、③何をすべきかわかっているが、ミスや失敗が不安なタイプ、④何をすべきかわかっていて、楽しく取り組んでい

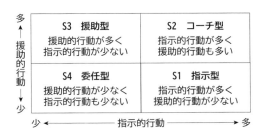

図2-2　SL理論

るタイプ、の4段階に分類し、「指示的行動」と「援助的行動」の2つの軸から、それぞれ①教示（指示）型リーダーシップ、②説得（コーチ）型リーダーシップ、③参加（援助）型リーダーシップ、④委任型リーダーシップが対応します（図2-2参照）。教示型では、児童生徒の状況を細やかに把握し、その都度適切な指示を与えていくことが重要です。説得型は、指示も援助も求められ、最も時間を必要とします。ある程度のサポートをしたうえで本人なりの工夫を認めていく必要があります。参加型は、モチベーションを低下させないよう、児童生徒の意見を柔軟に取り入れながらアプローチしていくことが大切です。委任型では、できる限りのびのびと課題に取り組める環境を整えてあげることが重要で、その様子を適度に見守るというスタンスが求められます。

　この理論は、学級集団というよりも児童生徒個人のスタイルによって対応を変化させるため、場合によって不公平感を生むこともあり注意が必要です。しかし、一人ひとりの状況に応じて対応を変えることは決して悪いことではなく、納得のいかない児童生徒には納得できるような説明をしてあげること、また不満をもつ児童生徒のこともしっかりと評価していることを、その児童生徒がわかるように伝達することが重要であろうと思います。なお、SL理論では定期的な個別面談を実施して一人ひとりとコミュニケーションをとっておくことも推奨されています。

3．サーバント・リーダーシップ

　近年、リーダーシップは「個人が導く」から「集団を活かす」への転換、そして「権限による支配」から「信頼による支援」への転換が求められています。

複雑化する現代において、リーダーひとりの力では現実の課題に対応しきれなくなっており、またメンバー間の関係性を重視することがチームの成績向上に寄与するという研究が進んできたことなどが影響しているためです。

この考えを踏まえた代表的な理論が、サーバント・リーダーシップです。サーバント（servant）とは奉仕者であり、「まず相手に奉仕する」ことを基本理念とし、他の人の意見に耳を傾けたうえで、組織やチーム全体の進むべき方向を指し示し、導いていくタイプのリーダーのことを指します（図2-3参照）。決して、ただ児童生徒の言いなりになることを指しているわけではありません。サーバント・リーダーシップには、①傾聴（Listening：大事な人たちの望むことを意図的に聞き出すことに強くかかわる）、②共感（Empathy：相手の立場に立って共感する）、③癒し（Healing：人の傷ついたところや組織の欠けた部分に気づき働きかける）、④気づき（Awareness：自分や組織全体への気づきを意識する）、⑤説得（Persuasion：相手の心からの同意を得られるよう説得する）、⑥概念化（Conceptualization：リーダーとしての夢を見る能力を育て、メンバーにも伝え、共感を得る）、⑦先見力（Foresight：過去の教訓から学び、未来のトラブルを事前に見抜く）、⑧執事役（Stewardship：大切なものを預けても信頼できると思われるような人を目指す）、⑨人々の成長にかかわる（Commitment to the Growth of people：メンバー一人ひとりの存在そのものに価値があると信じ、皆の成長に深くコミットする）、⑩コミュニティづくり（Building community：メンバー同士が安心感を得られるよう、協力的なコミュニティをつくる）、という10の特性があります。ここから見えてくるのは、権限をもつ個人ではなく、信頼に基づく集団の力で成果を導くリーダー像です。

指摘されているデメリットとしては、意思決定に時間がかかってしまう可能性があること、こうしたリーダーシップが合わない児童生徒がいる可能性があることなどが挙げられます。学級にはさまざまな児童生徒がおり、またさまざまな場面で時間的な制約がありますので、上述した10の特性を100％実行することは難

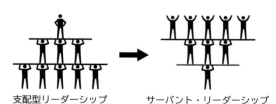

図2-3　リーダーのイメージの違い

しいかもしれません。ただ、サーバント・リーダーシップを目指すマインドは、児童生徒との信頼関係を構築するのに必ず役立つはずです。

4．それぞれのリーダーシップ理論に共通するもの

　以上、3つの代表的なリーダーシップ理論を紹介しました。いずれの理論にも共通するのは、「児童生徒の可能性を信じ、またその状況に応じて適切な介入を行う」という点です。また、特にサーバント・リーダーシップが強調するように、リーダーとは決して権限やカリスマ性をもった人物にその資格があるということではありません。重要なのは、「リーダーの役割にある教師が、児童生徒一人ひとりによって構成される学級集団全体の利益を常に追求するなかで、一人ひとりが主役になれて、自らの力で成長していけるよう支援する」ということなのです。ここに、学級経営を充実させるヒントが隠されているのではないでしょうか。さらには、ここに教育相談のエッセンスも多分に含まれていると言っても過言ではありません。児童生徒一人ひとりの心に寄り添うことは、児童生徒を安心して成長へ導くことにつながり、そのようにして行われた学級経営は、間違いなく児童生徒にとって満足度の高いものになるでしょう。こういった意味で、教師にとって学級経営には教育相談的なスタンスが基盤となりうるわけです。導くべきところは導きつつも、児童生徒が安心して学級で過ごせていて、主体的に行動できていれば、結果的に教師が望ましいリーダーシップを発揮できていると言って良いのではないかと考えます。

▼▲　第3節　学級経営と教育相談の接点　▲▼

　最後に、学級経営と教育相談の重なりについて、より具体的に説明しておきたいと思います。

1．予防を目的とした学級集団への教育相談的アプローチ

　従来の教育相談（カウンセリング）は、学校でさまざまな形で不適応が顕在化している「特定の子ども」のみを対象としたものでした。しかし、予防の3次

元モデル（Caplan, 1964）をもとにして石隈（1999）は、児童生徒の学習面、心理・社会面、進路面、健康面などの問題解決を援助し、成長を促進することを目的とした、3段階の心理教育的援助サービスを提唱しました（図2-4参照）。これは、上述の「特定の子ども」だけでなく、不適応のサインを出し始めた「一部の子ども」や、学校に在籍する「すべての子ども」をも対象として援助を行うという考え方です。ただし、「すべての子ども」に個別的な教育相談やカウンセリングを行うというわけではありません。小規模の学校ではそれも実現できる可能性はありますが、基本的には学級や学年単位で実施される「予防／発達促進」を目的とした心理教育"授業"を行います。授業、ではありますが、その内容は心の健康や成長への理解の増進、ないし対人関係を育むこと等に関するもので、カウンセリングの要素が強いものになります。上述した河村（2010）のグループアプローチも、そのひとつになります。実施にあたっては心理相談の専門職であるスクールカウンセラーが詳しいですが、カウンセラーは教員免許をもっていないため、授業補助という形で参画して担任教師と協働して実施する形態をとったり、作成された実施パッケージをもとに担任教師のみで実施する場合もあります。

　このような取り組みは、児童生徒一人ひとりにとって必要な知識やスキルを学ぶ機会の提供になるだけでなく、学級経営の円滑化にも貢献します。本来であれば、こうした心理教育は全児童生徒を対象としたものとして正式に教育課程に組み込まれるべきと考えますが、現状ではそれは一部にとどまっており、多くが各自治体や学校・担任の裁量の範囲で実施されている状況です。そのため、予定されたスケジュールを調整してまで導入することに高いハードルがあります。また、"何かしらの課題がある学級だから"実施を検討するという雰囲気があると、担任にとって不名誉なレッテル貼りになりかねない状況も生

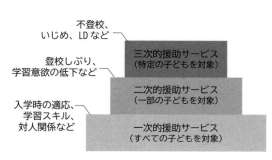

図2-4　3段階の心理教育的援助サービス（石隈, 1999）

んでおり、スムーズに導入ができない実情もあります。しかし、石隈（1999）が示したように、心理教育は学校教育において、すべての児童生徒に必要な取り組みです。担任教師がその必要性を理解し、積極的に実施してほしいと考えます。

2．心理教育授業の実際

近年、学校現場では予防教育という枠組みで、ソーシャルスキルトレーニングやアンガーマネジメント、SOSの出し方に関する教育といった取り組みへのニーズが非常に高まっています。全国的にもさまざまな工夫を凝らした心理教育プログラムの開発・実施がなされているところです。

例えば、稲田ら（2019）が開発した"いかりやわらかレッスン"があります（図2-5参照）。これは、小学3～6年生を対象とした、1回45分の5コマ分でパッケージ化されたアンガーマネジメント・プログラムです。内容は、怒りを含むさまざまな感情への理解、怒り感情への対処方法の習得、気持ちの適切な表現方法の習得等に関するものです。現在、実践協力を得た学校において担当教師への事前研修を行ったうえで、授業は担当教師のみで実施し、その効果が検証されているところです。現場の声としては、アンガーマネジメントについて児童が体系的に学ぶことができている点が評価されています。また、特定の気になる児童自身への教育効果はもちろんですが、他の児童が特定の児童を理解し援助する手立てにもなるとの評価も得ています。このことが、学級単位で実施することの大きなメリットであるとも言えます。

また、筆者自身も小学生のレジリエンスの向上に注目した取り組みを行っています。特に、知識としてよりも体験的にレジリエンスを育めるようなプログラムの開発に従事しているところです。小学校高学年を対象として45分1コマのみのパッケージで、内容はペアでの心理的なリラクセーシ

図2-5　いかりやわらかレッスン

ョンと即興的なロールプレイングによる自己表現の場の提供です。実施した授業の効果は、一部について発表しています（黒山，印刷中）。また、給食時間を活用した短時間のオンラインでのソーシャルスキルトレーニングに関する講話の取り組み（黒山，2024）なども実践例のひとつです。

　他にも、書籍・書物や各地で開催されている研究会、学会等で、心理教育に関する情報を得ることができます。教師が自ら開発するのはハードルが高いですが、そうしたツールをうまく活用・アレンジしていただけたらと思います。

3．まとめ

　これまで述べてきたように、教育相談とは個別的に行うことにとどまらず、予防教育という観点から学級単位、もしくは学年や全校単位でも取り組んでいくべきものであることを理解していただけたかと思います。日頃からの児童生徒へのかかわりの基本的なマインドとして、教育相談の考え方を備えていただけることを願います。そのことが、児童生徒が安心して学級・学校で過ごせることとなり、おそらくは教師自身も穏やかで充実した日々を過ごすことにつながるでしょう。

▶▶ **ディスカッショントピック**

① 自分が学級を担任するということについて、現時点で不安に感じることを話しあってみましょう。また、それはどのように解決したらよいかについても話しあってみましょう。

② 学級経営において大切なこと、担任にできることは何か、考えたことを話しあってみましょう。

【引用文献】
Bagley, W. C. (1907) *Classroom management: its principles and technique*. Macmillan.
Caplan, G. (1964) *Principles of Preventive Psychiatry*. Basic Books.
藤井泰（2002）イギリスにおける義務教育制度の動向．松山大学論集，14（1），23-49．
稲田尚子・寺坂明子・下田芳幸（2019）小学生に対するアンガーマネジメント・プログラム

の開発―1次的支援教育としての『いかりやわらかレッスン』とその実施可能性に関する実態調査―．帝京大学心理学紀要，23，15-25．
石隈利紀（1999）学校心理学―教師・スクールカウンセラー・保護者のチームによる心理教育的援助サービス―．誠信書房．
河村茂雄（2010）日本の学級集団と学級経営―集団の教育力を生かす学校システムの原理と展望―．図書文化社．
熊本県教育委員会（2024）令和6年度小・中・義務教育学校用基礎期における手引書 くまもとの教師としてスタートしたみなさんへ〜基礎期における「伸ばす資質」を踏まえて〜．
黒山竜太（2024）小学校において"黙食"時間を活用したオンラインSST講座の試み．熊本大学教育実践研究，41，9-15．
黒山竜太（印刷中）小学5年生に対する体験型レジリエンス教育効果の検討．熊本大学教育実践研究，42．
二宮皓（編著）（2006）世界の学校―教育制度から日常の学校風景まで―．学事出版．
野島一彦（編）（1999）グループ・アプローチ．現代のエスプリ，385，至文堂．
八並光俊・國分康孝（編）（2008）新生徒指導ガイド―開発・予防・解決的な教育モデルによる発達援助―．図書文化社．

Chapter 3
 子どもの発達とその課題

> 子どもたちは小学校、中学校、高校の時期のなかでさまざまな発達を遂げていきます。身体的にはもちろん、心も大きく成長していきます。この章では、まずは発達の理論やその過程を理解するとともに、その時期ならではの課題に対して、どのように理解し、対応していくのかについて考えていきます。

▼▲ 第1節　発達とは何か ▲▼

　まず、発達とはどういうものなのかについて考えてみましょう。辞書的な意味だと、「からだ・精神などが成長して、より完全な形態や機能をもつようになること」とされています。もちろん体は年齢に沿って大きくなっていきますし、知識量も増えていきます。では、体や心はいつまで発達し続けるのでしょうか。発達心理学は、受胎から死ぬまでを研究対象としています。つまり、人は、受胎から亡くなるまで発達し続けていると考えられているのです。確かに身体的な成長や記憶力などは20歳ぐらいをピークに、あとは緩やかに衰退していくと言われています。ただ、生きていくうえでの知恵や技術などはそれ以降の年齢においても身につけていくことができますし、より洗練されたものになっていきます。

　そんな生涯にわたっての発達の問題ですが、この章で取り上げるのは児童生徒の発達についてです。文部科学省（2009）は、子どもの発達とは「子どもが自らの経験をもとにして、周囲の環境に働きかけ、環境との相互作用を通じ、豊かな心情、意欲、態度を身につけ、新たな能力を獲得する過程」と述べています。ポイントは環境との相互作用というところです。人が発達していく際に影響しているものとして、もともと持っているもの（遺伝的要因）と経験をしながら身につけていくもの（環境的要因）があると言われています。

　発達は遺伝で決まるのか、環境によって決まるのか。この論争は古くから議

論されてきています。言い換えると、人の発達は生得的なものなのか、経験によるものなのかということです。以下に双方の主張を記します。

まず、遺伝説は、人の発達は遺伝によって決まるという考え方です。生得説とも言います。親やきょうだいとは背格好が似ていたり、同じ家系で優れた芸術家などが多く輩出されたりしていることなどから、才能も遺伝によるものであると考えられていました。

ゲゼルらは、人は適切な成熟を待たなければ、教育や訓練、つまり経験の効果はないという考えの成熟優位説を唱えましたが、それには、双生児の実験がもとになっています。1人に階段のぼりの訓練を行い、もう1人は訓練を行わずに、階段を上らせたところ、最初は訓練をした方が早く上れましたが、一定期間を過ぎると両者に差はなくなっていました。このことから、学習効果は成熟には及ばない、ということを主張したのです。

一方、環境説は、人の発達は生まれつきの遺伝的な要因よりも、育った環境や経験によって決まるという考え方です。経験説とも言われています。人間の能力は生まれつき決まっているわけではなく、さまざまな経験を積むことで成長し、変化していくという考え方になります。環境説を支持した代表的な人物であるワトソンは、「私に1ダースの健康でよく育った乳児と、彼らを養育するために私自身が自由にできる環境とを与えてほしい。そうすれば、どのような専門家にでも育てることを保証する」と述べ、環境によって人間の発達がどのようにでもできることを主張しました。

現在は遺伝も環境もどちらも影響しあって発達が進むという相互作用説が優勢です。「遺伝」も「環境」もどちらも人の発達においては重要で、両者が複雑に相互作用しあっていると考えられています。

この立場において、シュテルンは輻輳説を提唱しています。これは、発達は遺伝的要因と環境的要因が輻輳（相互作用）して初めて決まっていくという主張です。つまり、図3-1のように、遺伝の要因が強い特性は環境の要因が少なくなる、遺伝の要因が弱い特性は環境の要因が強くなるというようなものです。

また、ジェンセンは環境閾値説（図3-2）を示しています。これは特性によ

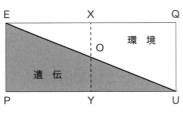
図3-1　シュテルンの輻輳説（ルクセンブルガーの図）

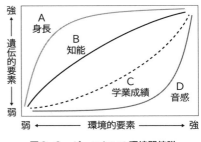
図3-2　ジェンセンの環境閾値説

って、環境から受ける影響の大きさが異なり、環境がある一定の水準に達したときにその特性が発現するという考え方です。例えば、身長のような特性は環境が劣悪であっても発達が進むけれども、音感のような特性は環境が適切に整わないと発現しにくいと言えます。

　つまり、遺伝的な要素が強い側面もあり、環境的な要因が強い側面もある、ただ、遺伝的要素が強くても、環境がしっかり整っていないと発達しない部分もある、と言えるでしょう。

▼▲　第2節　発達の理論　▲▼

　ここでは、さまざまな発達についての理論を紹介します。人間がどのような過程を経て発達していくのかをそれぞれの視点からとらえています。

1．ピアジェの認知発達理論

　ピアジェ（J. Piaget）は、「知識は外界から与えられる」ものではなく、「子どもと環境との相互作用を通じて自ら構築する」と考えました。ピアジェは認知発達の段階を、感覚運動期・前操作期・具体的操作期・形式的操作期の4つの段階に分けました。そして、子どもは段階的に知識を構築していくとしています。

（1）感覚運動期（0歳～2歳）

　この頃は、まだ言葉が使えず、体を動かして触ったり舐めたりなどの感覚と

運動の協応を通して世界を知っていく時期です。循環反応や対象の永続性などを獲得していくと言われています。

循環反応とは、同じような行為を繰り返し行うことで、自分の体であったり、対象を確かめていくことです。例えば指しゃぶりや、ガラガラを振ることで音が鳴るのを繰り返し楽しんだりすることなどが挙げられます。

対象の永続性とは、見えなくなったり、聞こえなくなったりしてもその対象は存在しているという考え方です。生後8ヵ月くらいまでは、対象が視界から消えると、その対象は存在しないと考える傾向があります。8ヵ月以降になると、対象が隠れても、そこにあると理解できるようになります。よく赤ちゃんは、「いないいないばあ」をすると喜びます。これは、対象の永続性を獲得していることで、顔が隠れても、すぐに戻ってくることを理解しているためだと言われています。

（2）前操作期（2歳～7歳）

この頃は言葉を獲得しており、言語機能や表象（イメージ）機能が発達していきます。実際に行動しなくても、目の前の世界だけでなく、イメージを浮かべたり、言葉を用いたりすることで思考することができます。しかし、その思考には自己中心性の特徴がみられます。

自己中心性とは自分の視点で見えたように他者も見えていると考えるような、自他の区別がついていない状態のことを言います。ピアジェは「三つ山課題」を用いてこれを明らかにしました。図3-3のように3つ並んだ山の模型を、一方向から見ている子どもに自己中心性がある場合には、反対から見ている子どもについても自分と同じように見えていると考えてしまうのです。

（3）具体的操作期（7～11歳）

この頃は、具体的なものをもとに論理的な思考ができるようになってくる時期です。

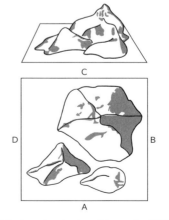

図3-3　ピアジェらの「3つの山の問題」

第3章　子どもの発達とその課題　　49

図3-4　保存の概念

保存の概念が獲得され、物事を分類（カテゴリー化）したりすることもできるようになります。

保存の概念とは、ものの形や見た目が変わっても、その量や数は変わらないという概念のことです。図3-4のように、同じ量の水を、背の高い容器と、背の低い容器に移し替えて、どちらに入っている水が多いか、と問われると、前操作期の子どもは、背の高い容器の方が多いと答えます。これが、具体的操作期の子どもは同じだと答えることができます。このように、物事を多面的にとらえることができるようになっていきます。自己中心性からも脱することでこのようなとらえ方ができるようになっていくのです。

（4）形式的操作期（11歳〜）

この頃になると、具体的なものはなくても、抽象的、形式的な思考が可能になってきます。仮説演繹的思考が可能になっていきます。

仮説演繹的思考とは抽象的な事がらについて、仮説を立てて導き出される結果を予測し、検証していくというプロセスのことです。例えば、朝から熱が出て、体がだるかったとしましょう。そうすると、風邪を引いたのではないかという仮説が立てられます。そして、薬を飲むことで熱が下がるという結果を予測し、薬を飲んで様子を見ます。そして実際に熱が下がることで仮説が支持されたことになります。このような一連のプロセスを考えることができるようになってくるのが形式的操作期です。

2．エリクソンの漸成発達理論

エリクソンは人が誕生してから死ぬまでをライフサイクルとしてとらえ、人間の発達は一生続くものであるととらえています。そしてその発達を8つの段階に分けた発達段階モデルを提唱しました。自己が健全な発達を遂げていくために、各時期に特定の心理社会的危機に直面すると考え、この危機を乗り越えるべき発達課題があるとしています。ただし、その課題を達成しないと次に進めないということではなく、課題をどのように経験してきたかが重要であると

されています。8つの発達段階と発達課題、特徴については表3-1のようになっています。

表3-1 エリクソンの発達段階

時　期	発達課題	特　徴
乳児期 (0歳～1歳)	基本的信頼　対　不信	養育者が乳児の要求に応じて世話をすることで、乳児が信頼感をもっていく時期
幼児前期 (1歳～3歳)	自律性　対　恥、疑惑	自身で排泄などをコントロールできることを学んでいく時期
幼児後期 (3歳～6歳)	自主性　対　罪悪感	自分で考えて行動するという自主性の感覚を獲得していく時期
児童期 (6歳～12歳)	勤勉性　対　劣等感	勉学に勤勉に取り組むことで喜びを感じたり、うまく取り組める感覚をもつようになる時期
青年期 (12～20代半ば)	アイデンティティの確立 対 アイデンティティ拡散	自分はどのような人間なのか、どのような生き方をしていくのかを模索しながらアイデンティティを確立する時期
成年期前期 (20代後半～30代半ば)	親密性　対　孤独	自己と他者の同一性を融合させ、親密な関係を築くことが課題となる時期
成年期後期 (30代後半～60代半ば)	生殖性　対　停滞	次の世代の人々のために知識や経験などを継承していく時期
老年期 (60代後半～)	統合　対　絶望	今までの人生を振り返り、自我の統合をはかっていく時期

▼▲　第3節　小学生の発達とその課題　▲▼

　小学生の期間は、発達段階でいうと、児童期にあたります。この時期の6年間は、身体的な成長もそうですが、知的・心理的にも大きな成長を遂げていきます。

1．身体的発達
　小学生の身体的発達は、幼児期と比べると、安定し、成長のペースは緩やかになります。しかし、さまざまな能力が向上していく重要な時期でもあります。

身長や体重の伸びは緩やかで、幼児期のような急激な変化はあまりみられません。しかし、身体の動きは大まかな運動などの動きから、漢字や、より丁寧な絵を描いたり、難しい工作物を作ったりなど、より細かい部分的な動きができるようになり、巧緻性が向上していきます。また、男女の差も出てくる時期です。低学年のうちは目立ちませんが、高学年になってくると、男女の体つきにはっきりとした差が現れ、体格や体力の差も顕著になっていきます。

2．認知発達

小学生の認知発達は、幼児期と比べて飛躍的に発展します。ピアジェの認知発達理論では、小学校入学の時期は前操作期から具体的操作期への移行期にあたると考えられます。具体的な物事への興味が強くなり、目の前の「もの」「こと」を通していろいろなことを学んでいきます。自己中心的な物事の見方から、段々と他者視点を取り入れたものの見方ができるようになってきます（脱中心化）。また、保存の概念を獲得し、見かけに惑わされず、論理的な思考も可能になっていきます。また、高学年になると、具体的操作期から形式的操作期へ移行していくことになり、その他にも、以下のような発達をしていくことになります。

①言語能力の発達：学校での学習などを通して、読み書きの能力が向上し、文章の意味を理解したり、自分の考えを言葉で表現することがうまくなっていきます。そうして、高学年に移ってくると、具体的な経験からの理解だけでなく、言葉によって論理的な説明ができるようになっていき、抽象的な思考が可能になっていきます。

②記憶力の発達：具体的な出来事や体験を記憶できるようになったり、一度に覚えられる情報量が徐々に増えていったり、興味のあることや繰り返し経験することで記憶が定着していくようになってきます。

③注意集中の発達：ひとつのことに集中して取り組むことができる時間が長くなり、課題をやり遂げる力が身についていきます。

④メタ認知能力の発達：自分の考えや感情などの思考過程を意識し、問題解決の戦略を立てたり、学習方法を工夫したりする能力が育ち始める時期で

もあります。

3．社会性の発達について

　小学生の社会性の発達は、幼児期に比べて、より複雑で多様なものになっていきます。今までの家庭中心の生活から学校中心の生活へ移っていくことで、より大きな社会のなかでさまざまな人とかかわりながら社会性を育んでいくことになります。

　例えば、集団生活への適応のなかで、決められたルールを守る、友だちと協力することを学ぶ、善悪の判断を身につけるなどです。そうした集団での生活を送っていくと、役割というものが出てきます。そうした役割を意識して、それに応じた行動をとることができるようになっていきます。

　低学年のうちは、友だち同士の付きあいは表面的で、席の近さや家が近いなどというところから関係が始まっていくことが多いでしょう。また、一緒に遊ぶグループも変化しやすいと言われています。ただ、中学年以降になってくると、同年代の同性のクラスメートを中心として親密な仲間集団を自主的につくっていきます。それを「ギャンググループ」と呼んでいます。この年代になると、親への依存は少しずつ減り、友だちとのつながりが深まっていきます。そうしたギャンググループのなかで、協調性やリーダーシップであったり、コミュニケーション能力も育まれます。学校や家庭以外の場で社会性を学ぶ場になっているのです。それだけでなく、グループに属することで自己肯定感を高めたり、安心感や帰属意識を得ることができます。こうしたものは学校生活のなかでも育まれていくものですが、同年代との関係のなかで得ていくものも大きいでしょう。

4．課題

（1）小1プロブレム

　小1プロブレムとは、小学校1年生の学級が荒れ、児童が学校生活に不適応を起こす現象（大前，2014）を指します。授業中、先生が話しているときに急に話し始めたり、席を立って歩き回ってみたり、授業の開始時間などが守れなか

ったり、友だちと喧嘩を始めてしまったり、このような行動が継続していくことで学級崩壊と言われるような状態になってしまうことがあります。東京都教育委員会（2011）の調査では、19％以上の学校で、小１プロブレムの状態がみられているとの報告があります。この用語が使われるようになったのは、1980年代後半から1990年代にかけてと言われており、比較的昔から問題となっていたことがわかります。

　このような現象が起こってくる原因として考えられるのは、まずは大きな環境の変化が挙げられます。今までの家庭中心の生活から学校中心の大きな集団に入ってくることでの不適応に陥ってしまうこともあるでしょう。

　また、幼児期から児童期に発達段階が移行してくるにあたって、課題をうまく達成できていないこともあると考えられます。自己中心的な考えが抜けきらず、他者視点をもつことがなかなかできていないことも挙げられるでしょう。

　さらに、近年は児童生徒の自由な発想を重んじる教育というものが重視されてきています。そうした教育がありながら、学校現場では座学を中心とした指導がメインであり、そこに慣れることができずに起こっているとも考えられます。

　このような問題に対しての取り組みとして挙げられているのが、幼保小連携です。幼児教育は「遊び」が基本となっていますが、小学校に上がると「教育」が基本となってきます。子どもが小学校生活に適応するためには幼稚園や保育所と小学校が連携して環境を整備することが大切になってきます。文部科学省も「幼保小の架け橋プログラム」として、この問題に対して取り組みを始めています。

（２）９歳の壁

　「９歳の壁」はもともと聴覚障害児の学力が９歳のあたりで停滞する現象を表す用語として、1960年代から使われてきました。それが、障害の有無にかかわらず、この年代の子どもにみられるようになってきました。小学校高学年になってくると、発達の個人差が顕著に出てくることがあります。自我も芽生えて、自身の客観視ができるようになり、精神的にも身体的にも大きな成長を遂げます。そのことで、周りと比べて、自分が劣っていると感じることが増えて

きて、自己肯定感が下がりやすくなります。また、この時期には、学習内容が急に難しくなってきます。内容が今までの具体的な学習内容から、抽象的な学習内容に移行してきます。そのことで、学習で躓いてしまい、それをきっかけに学校生活全般においてストレスを感じやすくなる子どもが出てくるようです。また、塾や習い事を始めたりする時期でもあり、環境の変化から、新しいこと、場面に適応するのが難しくなってくることなども挙げられます。

こうした状態になると、学習についていけなかったり、友だちとの関係が複雑になっていじめや仲間はずれの問題なども出てきたりすることがあります。気分のむらも出てくるようになり、感情コントロールが困難になり、大人への反抗的な態度をとったりすることもあります。

こうした状態は、ある意味成長するために通っていく過程であると考えることができます。周囲の大人が適切なサポートをしていくことで、大きく成長することができます。

▼▲ 第4節　中学生の発達とその課題　▲▼

中学生の期間は、発達段階でいうと、青年期にあたります。似たような意味で思春期という言葉も使われていますが、思春期が中学生から高校生にかけてを表すのに対し、青年期は中学生から20代前半くらいまでを表しています。この年代は、急激な身体的な変化とそれに伴う心理面の変化がみられる時期になっています。

1．身体的発達

中学生の身体的発達は、個人差は大きいですが、大きな変化がみられてきます。性ホルモンの影響で急激に身長が伸び、それとともに体重も増加し、体格が大きく変わっていきます。特に男性は筋肉が発達し、体つきがたくましくなり、また女性は脂肪がつきやすくなり、体つきが丸みを帯びる傾向があります。また、いわゆる第二次性徴が現れ、男性は変声や精通、女性は乳房の発達と初潮などの特徴が出てくることになります。

2．認知発達

中学生の時期は、ピアジェの認知発達理論では、形式的操作期にあたります。抽象的な概念や比喩などを理解できるようになり、仮説を立てて、それを検証するような思考も可能になります。また、物事の関係性を分析し、論理的な思考も可能になっていきます。それと同時に、自己意識の目覚めもあります。自分の存在や役割について深く考えるようになり、自己肯定感やアイデンティティを確立しようとします。周囲の評価が気になるなど、周囲の影響を受けやすい時期でもあるでしょう。

認知発達については非常に個人差が大きいと言われています。早い生徒では、大人に匹敵するような思考ができますが、まだ、子どもらしい思考にとどまっている子もいます。

また、近年重要視されているものとして、非認知能力が挙げられます。これは、知的な能力だけでなく、意欲や好奇心、課題解決能力などのことを指します。こうした能力も、中学生の年代では重要視されてきています。

3．社会性の発達

中学生の社会性は、認知発達の影響を受け、より複雑なものになってきます。これまで依存していた親に対し自己主張をしたり、親の意見に反発したりするようになります。こうした、自立を図ろうとする過程を心理的離乳と呼んでいます。また、自己意識が高まり、自分が他人からどう見られているかといった周りの評価を非常に気にするようにもなってきます。服装や髪型などに気を配ったり、今まで天真爛漫だった子が急に大人しくなったり、人前で発言したりすることを嫌がったりなどの行動が目立つこともあります。また、大人へと向かっていく反面、まだ子どもでいたい気持ちもあり葛藤することも出てくるでしょう。このようなさまざまな変化により、心が揺さぶられるような時期であることから、心理学者のホールは青年期を「疾風怒濤の時代」と呼びました。

友人関係においても、今までの遊びが中心で集まっていたギャンググループから、次第に価値観を共有する仲間集団へと発達していきます。お互いに深く理解しあい、秘密を共有するなどの親密な関係になり、排他性も強くなり、自

分のグループ以外の子を仲間外れにしたりする傾向もあります。このようなグループのことを「チャムグループ」と呼んでいます。この集団も同性同士の集団が多く、どちらかといえば女子に特徴的であると言われています。

4．課題：中1ギャップ

中1ギャップとは、小学校から中学校に進学した際に、これまでと違う環境や生活などのさまざまな変化にとまどい、不登校やいじめなどが増加する現象を指します。ただ、明確な定義があるわけではありません。文部科学省（2015）によると、これらの多くの問題が顕在化するのが中学生段階ですが、実際は小学生の段階から問題が始まっている場合が少なくないと述べています。

いじめに関しては、文部科学省（2023）の調査では、いじめの認知件数は小学生の段階の方が多いという結果が出ています。一方で、不登校児童生徒数は、中学1年生に上がると一気に増えています。しかし、小学校時の欠席を、病気等による欠席や保健室登校等も含めて数え直すと、中1の不登校生徒の半数は小4～小6のいずれかで30日以上の欠席相当の経験をもっていたことがわかりました。このことを考慮すると、必ずしも急増とは言えない現状があります。

このような中1ギャップと言われるものが現れる原因としては、まずは小学校から中学校へ上がる際の環境の変化が挙げられます。小学校時代は担任がほぼすべての教科を担当し、児童の様子もしっかり見られていたのに対し、中学校は教科ごとに先生が変わることで、生徒の様子を十分に周りが把握できず、小学校のときのような手厚い支援がなされていないということも考えられます。また、学習内容も難しく、高度な思考力が求められたり、また定期テストも実施され、学力の差が明確になってくることで、生徒たちへのプレッシャーがかかってくることも挙げられるでしょう。

この中1ギャップに対しても、小中の連携の問題がかかわってくると考えられます。小学校の段階で予兆が見えていたもの、顕在化し始めていた問題が先送りにされて、中学校に上がった段階で顕在化してしまったと考えるならば、小中連携をしっかりと行い、不登校やいじめの問題に取り組んでいくことが重要であると考えられます。

第5節　高校生の発達とその課題

　高校生の時期は、中学生と同じく青年期にあたります。身体的な変化は個人差はありますが、ある程度緩やかになってきます。しかし、社会に出ていく前段階として、さまざまなことに悩み、考えることになってくる時期であると言えるでしょう。

1．身体的発達
　高校生の時期は、中学生から始まった大きな変化の最終段階にあたります。個人差はありますが、身長や体重の急激な成長は後半頃にほぼ完了すると言われています。性的にも成熟し、生殖能力を獲得します。

2．認知発達
　高校生の時期は、中学生と同様に形式的操作期にあたります。抽象的な概念を理解して、論理的な思考ができるようになり、より複雑な問題解決能力を身につけていきます。例えば文学作品などの内容を深く理解することができたり、数学の複雑な問題を解く際に、さまざまな解き方のなかから最も効率的な方法を選択することができるようになってきます。
　中学生の頃に芽生えた自己意識についてもより深く自分自身を見つめるようになり、周囲の評価だけでなく、自分の役割や価値観などを模索するようになってきます。

3．社会性の発達
　高校生の時期は、前述したように青年期の真っ只中です。エリクソンが示している発達課題は「アイデンティティの確立」です。アイデンティティとは、「自分とは何者か」、「どのように生きていくのか」についての一貫した自分らしさの感覚であると言われています。エリクソンはアイデンティティの中核は、「自分自身と斉一性と連続性の感覚であり、その斉一性と連続性を他者と共有することの自覚である」(Erikson, 1959) と述べています。斉一性とは自分が自

分であるという一貫性のことであり、例えば「私は優しい人間だ」という自己認識が、状況によって大きく揺るがないことを指しています。また、連続性とは、過去から未来へと続く流れのなかで、自分が同一の存在であるという感覚のことです。例えば「私は子どもの頃から読書が好きだった」と言うように、時間軸のなかで自己をとらえることを指しています。

　青年期の時期は、身体的な変化や社会的な役割の変化により、アイデンティティが大きく揺らぎやすくなっています。アイデンティティは自然と確立されるものではなく、さまざまな困難や危機などを経験しながら確立していくものです。もしうまく確立できない場合、自分自身の価値観や役割、将来像などがはっきりせず、迷いや不安を抱えてしまうことになります。このような状態をアイデンティティ拡散といいます。

　友人関係においても、中学生時代のチャムグループから、ピアグループへと変化していきます。チャムグループが共通性や類似性を強く意識した集団であるのに対して、高校年代に入ると、お互いの異質性を認めあい、自立した個人としてお互いを尊重して関係を築いていくことができるようになります。年代にも幅があり、男女混合であることもあります。このような関係をピアグループと呼んでいます。こうしたピアグループを通して、彼らは協調性やコミュニケーション能力を育んだり、仲間との比較や共感を通して、自己認識を深め、アイデンティティを確立していくと言われています。

　しかし、近年は、ピアグループが遷延化している（保坂,2010）ということも指摘されています。保坂（2010）は、高校生段階でも他者との違いをはっきりと表現できず、ピアグループが形成できず、チャムグループという同質性のなかに安住しがちであるということを述べています。

4．課題：高1クライシス

　高1クライシスとは、高校に入学した生徒が、学習や生活面での変化にうまく対応できずに、心の不調を起こし、不登校になったり、退学してしまったりする現象のことを指しています。文部科学省（2023）によると、高校生の不登校数、中途退学者数は、どちらも高校1年生が最も多くなっています。不登校

に関しては、中学生時代から引き続いては1割程度に過ぎず、ほとんどが、高校に入ってから不登校になったことが窺えます。

　このような高1クライシスと呼ばれる現象がなぜ起きるのかについては、いくつか理由が考えられます。1つは、大きな環境の変化が挙げられます。ほとんどの児童生徒は小中学校を身近な環境で過ごしていますが、高校に入ると、より広範囲の人とかかわるようになります。今まで近所で仲の良かった子とも離れて、また新たな人間関係を築く必要が出てきます。そのなかでうまく友人関係を築けなかったりする場面も出てくるでしょう。また、学力的なことも挙げられます。中学生時代は上位の成績でも、高校に入ると周りのレベルが高く、成績が下がってしまうことも出てきたりして、自信をなくしてしまうことも考えられます。そして、理想と現実の違いということも挙げられるでしょう。中学生の頃は、高校に入ったらもっと自由にやりたいことができる、新しい関係のなかでやっていける、と憧れをもって高校に入学してみたものの、実際の高校生活が思っていたような自由なものではなかったり、うまく友人関係を築けなかったりとなると、「思っていたのと違った」と目標を見失ってしまうこともあるようです。近年は高校の種類も多様化し、通信制高校や単位制高校が増加して、選択肢も多くなってきています。その分、自分にあった高校選択ができるようになってきていることもあるでしょう。将来を見据えた高校選択ももちろん大事ですが、今の自分に合った学校生活が送れるような選択ができるよう、教師や保護者とも話しあって進路を決めていくことが重要です。

　そしてまた、もし高校生活にうまく適応できなくても、選択肢はあるということを知っておくことも大切です。

▶▶ **ディスカッショントピック**

　幼小連携、小中連携、中高連携において、学校が特に意識して取り組むべきことは何だと思いますか？　それぞれの発達段階や発達課題を意識しながら考えてみてください。

【引用文献】

Erikson, E. H. (1959) *Psychological issues Vol. 1, No.1: Identity and the life cycle.* International Universities Press.（西平直・中島由恵（訳）(2011) アイデンティティとライフサイクル．誠信書房．）

保坂亨（2010）いま、思春期を問い直す―グレーゾーンにたつ子どもたち―．東京大学出版会．

文部科学省（2009）子ども徳育の充実に向けた在り方について（報告）．３．子どもの発達段階ごとの特徴と重視すべき課題．
https://www.mext.go.jp/b_menu/shingi/chousa/shotou/053/gaiyou/attach/1286156.htm

文部科学省（2015）「中１ギャップ」の真実．
https://www.nier.go.jp/shido/leaf/leaf15.pdf

文部科学省（2023）令和４年度　児童生徒の問題行動・不登校等生徒指導上の諸課題に関する調査結果について．
https://www.mext.go.jp/content/20231004-mxt_jidou01-100002753_1.pdf

文部科学省　幼保小の架け橋プログラム
https://www.mext.go.jp/a_menu/shotou/youchien/1258019_00002.htm

大前暁政（2014）小１プロブレムに対応する就学前教育と小学校教育の連携に関する基礎的研究．人間学研究：京都文教大学人間学研究所紀要，15, 19-32.

東京都教育委員会（2012）「平成23年度東京都児童・生徒の日常生活活動に関する調査」報告書．
https://www.kyoiku.metro.tokyo.lg.jp/administration/statistics_and_research/daily_liife_survey_2011.html

Chapter 4
カウンセリングの理論と実践

　カウンセリングと教育には、一見すると共通する部分がないように思う人もいるかもしれません。しかし、「人がその人らしく生きていけるように、成長をサポートしていく」という点で、両者には深い関連があります。カウンセリングと聞くと、どうしても専門のカウンセラーが行うものだと考えがちです。しかし、学校で児童生徒とかかわることが多いのは教師です。そのため、人間理解のヒントになるカウンセリング理論を学び、よりよいかかわり方を学んでいく姿勢が、教師にも求められていると言えます。本章では、代表的なカウンセリング理論を学ぶことを通して、児童生徒の成長について考えます。

第1節　カウンセリングとは

　人はさまざまなストレスを抱えながら生きています。例えば、学校や職場での人間関係、将来のこと、ライフイベントの変化など、ストレスとなりうるものを挙げていくときりがありません。私たちはこのような多くの課題に対処しながら生活しているわけですが、場合によっては、自分ひとりで対処することが困難になるときもあります。そのようなときに、支援者が提供可能な支援のひとつとして、カウンセリングが挙げられます。

　現代社会において、カウンセリングという言葉は、よく耳にする言葉だと思います。しかし、カウンセリングとは何か、と問われると、明確に定義できる人は少ないのではないでしょうか。「心のケアの手段のひとつ」と理解している人もいれば、「現実的な問題解決のためのサポート」と理解している人もいるかもしれません。これらの理解は間違ったものではなく、カウンセリングという言葉には、実に多くの意味が含まれています。実際に、カウンセリングの定義に関しては、研究者によって表現が異なることが多いのが事実です。しかし、それらの定義に共通するのは、「クライエントが日々の生活をよりよく生

きていけるように、問題解決能力を涵養しつつ、不安や気分の落ち込みなどの低減を図ること」を目的としているところです。このことを達成するために、カウンセラーはカウンセリングに関する理論や、それらの理論に基づいた具体的なかかわり方を学んでいく必要があると言えます。ただカウンセリングの理論と一言で言っても、細かく見ていくと数多くの理論があります。ですので、ここでは代表的な理論的立場をいくつか取り上げて、それぞれの立場に基づいたかかわり方を教育現場でどのように応用可能かを紹介したいと思います。

▼▲ 第2節　カウンセリングの理論 ▲▼

　カウンセリングの理論は、現場でのかかわり方に示唆を与えてくれる土台となるものです。土台がないかかわりは、一般的なコミュニケーションと相違がありません。ですので、児童生徒の成長を見守る専門家としては、それらの土台をきちんと学習しておくことが望ましいと言えます。それでは、なぜ理論がかかわり方の土台になるのでしょうか。その答えは単純で、カウンセリングの理論は人間理解の仕方を整理したものだからです。人間理解の仕方が異なれば、人とのかかわり方も違ったものになってくるわけですが、そもそも人には、それぞれ独自の人間理解の仕方が身についています。例えば、「教育には厳しさが必要だ」と強く考える人は、あまり考えない人よりも、児童生徒への注意が少しきつくなるかもしれません。もちろんこのことが悪いことだというわけではなく、カウンセリングを専門とする学問領域でも、人間理解の仕方がさまざまだということです。現代の臨床心理学では、研究者でない限り、特定のひとつの理論だけに基づいて、人間理解を行うことは少なくなってきています。ですので、教育や支援に携わる人は、児童生徒の成長を見守る専門家としての役割を十分に果たすためにも、少なくとも代表的なカウンセリング理論を理解しておくことが必要になってくると言えます。

　それでは、カウンセリングの専門分野では、人間をどのようにとらえて、どのようなかかわり方が必要だと考えているのでしょうか。今回は、精神分析的アプローチ、認知行動的アプローチ、パーソン・センタード・アプローチとい

った3つの代表的なカウンセリング理論を取り上げて、概観します。

1. 精神分析的アプローチ

　精神分析は、19世紀末にフロイトによって提起された人間理解のための枠組みのひとつで、現代のさまざまな心理学理論の発展に非常に大きな影響を与えました。この理論の大きな特徴のひとつとして、無意識レベルの欲求が、人の行動や状態に影響を及ぼすと考えたことが挙げられます。例えば、授業中に過度に騒ぐ児童生徒の行動背景について、「あの子は家庭で親から十分な関心を得られていないから、授業中に騒いでみんなの注目を引きたいのかもね」といったようなやりとりがみられた場合、精神分析の影響を大きく受けていると考えられます。このように、精神分析的な考え方自体は、日常生活のなかに広く浸透しており、人間理解のための枠組みとして有用な理論のひとつだと考えられています。それでは、精神分析とは、具体的にどのような理論なのでしょうか。

　すでに述べたように、精神分析の最も大きな貢献は、無意識の役割の発見にあります。そして、その役割を説明するために、フロイトは「構造論」と呼ばれる理論を提起し、「エス」、「超自我」、「自我」といった3つの概念を用いて、人の心のメカニズムを探求しました（図4-1）。

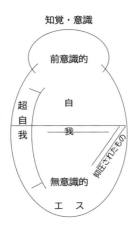

図4-1　構造論（前田, 2014）

　まず、エスとは、人間の本能的欲求の源泉のことを指します。わかりやすく言えば、食欲、性欲、睡眠欲、他者からの承認欲求など、人が社会のなかで生きていくために必要とされる基本的な欲求のことです。精神分析において、人は、苦痛を避けて快を求めるといった、快楽原則に支配されていると考えていますが、エスがそのような快楽原則を導く力であると想定しています。しかしそうは言っても、人が社会のなかで適応的に生きていくためには、本能的欲求だけに従うわけにはいきません。それらの欲求を調整する力が必要になるわけですが、その役割

を担うのが超自我です。超自我は、親からのしつけや、社会文化的な価値観などを通して形づくられる、いわば道徳的な規範のようなものです。このような規範が個々人のなかに存在することで、人は自らの欲求のままに振る舞うことを避けると考えられています。しかし、エスと同様に、超自我があまりにも強く機能しすぎると、常に規範に沿った振る舞いを求められることから、不適応な状態に陥ってしまいます。そのため、場面や状況に応じて、エスと超自我の機能を調整していくことが求められるわけですが、その時に重要な役割を果たすのが自我だと考えられています。自我は、エス（「～したい」）と超自我（「～してはいけない」）のバランスを保つように機能して、人が社会的場面で適応的な行動を選択できるように調整する力です。調整の際には、個々人のなかでエスと超自我の対立が生じるため、ストレスや不安が生じてきます。そのような時に、対処方略のひとつとしてとられる手段が、防衛機制と呼ばれるものです（表4-1）。

防衛機制は、自我の働きをサポートする機能だと想定されていますが、あまりに過度に機能しすぎた場合には、不安や気分の落ち込みをはじめとした不適応が顕在化すると考えられています。

以上から、精神分析では、無意識的な欲求を人の行動や感情に大きな影響を及ぼす要因だととらえ、そのような欲求が顕在化してくるプロセスに着目して、

表4-1 防衛機制の例と内容 （前田，1985を参考に作成）

種　類	内　容
抑　圧	苦痛な記憶を意識から締め出すこと
合理化	自分の行動にもっともらしい理由をつけること
反動形成	気持ちとは裏腹の行動をとること
投　影	自分が感じている気持ちを他者が感じていると認識すること
知性化	知的に（理論的に）考えることで感情をコントロールすること
否　認	望まない出来事が生じたときにその現実を認めることを拒むこと
昇　華	社会的に認められない欲求を、認められる形に置き換えること

人間理解を試みています。ですので、治療にあたっては、クライエントが自身の無意識的な欲求に気づき、課題に対するこれまでの対処の仕方を振り返っていくことが（洞察）、心理的な成長へとつながると考えています。ただし、児童生徒の場合は、発達段階を考慮すると、そのような洞察が難しい場合が多いため、精神分析的な人間理解のエッセンスを利用して、周囲が積極的にサポートを行っていく必要があります。例えば、先ほどの、授業中に騒ぐことで周囲の気を引こうとする児童生徒の場合には、親から関心をもっともってもらいたいという欲求があるものの、それがかなわないために、家庭以外の別の場で過度な自己表現が顕在化して、授業中に騒ぐといった問題が生じていると考えます。このように理解できれば、児童生徒が自由に自己表現できる場を保障することがひとつのサポートのあり方だと考えられます。そして、児童生徒の自己表現に対して、教師は積極的に関与していく姿勢を示し、社会的に好ましい表現が認められた場合、ポジティブなフィードバックを意識してかかわっていくといった工夫も考えられます。このような理解、支援によって、児童生徒は自身の感情や欲求を適応的に表現する方法を学ぶことができ、周囲とよりよい関係を構築することにつながると考えられます。

　精神分析の理論は、その他にも多くの人間理解の視点を与えてくれます。例えば、厳しい父親に育てられた子どもは、男性教師を前にすると、萎縮して嫌悪感を示すことがあるかもしれませんし、受容的な母親に育てられた子どもは、男性教師よりも女性教師に対して、好意的な感情を表出するかもしれません。このように精神分析的な視点は、学校現場で児童生徒が示す行動を理解するための有用な枠組みのひとつだと言えます。

2．認知行動的アプローチ

　認知行動的アプローチは、人の反応や行動を学習されたものだととらえる理論体系の総称です。歴史的には、行動療法の発展を契機に、その限界点を補う形で認知療法が提起され、現在はそれらを統合して認知行動療法と呼んでいます。行動療法と認知療法の大きな違いは何かと言うと、人が経験のなかで、特定の振る舞い方（すなわち、行動）を学習していくプロセスに、「認知」（人それぞ

れの物事の考え方）の影響を想定するか否かにあります。行動療法が発展してきた当初は、「特定の刺激を与えると特定の反応が生じる」というプロセスを、人以外の動物（ラットやハトなど）を対象とした実験を積み重ねていくことで、

図4-2　認知行動療法の基本的な考え方

その理論的基盤を固めてきました。しかし、その科学性の追求ゆえに、人に特有な現象である「認知」を軽視してきたという側面もありました。つまり、ラットやハトなどと異なり、人には特有の認知的活動（考える力）が随伴するため、従来の行動療法の理論だけでは、人の不適応症状のメカニズム（特に不安症状や抑うつ症状）を十分に説明できないといった限界も出てきました。そこで新たに提起されたのが認知療法です。人の反応や行動は学習されるものだと考えるエッセンスは残しつつ、特定の刺激と特定の反応の結びつきのなかに、認知という要因を追加して、人が行動を学習するプロセスを探求しました。このように、刺激、行動、認知といった3つの要因を総合して、人を理解しようとするアプローチのことを、現在では認知行動療法と呼んでいます（図4-2）。

　人の行動を学習されたものだと考えるのであれば、不適応な行動は、再学習によって修正可能であると考えられます。実際に、認知行動療法では、そのような考え方をベースにさまざまな治療技法が開発されてきました。今回はそのなかでも代表的な技法のひとつである系統的脱感作と呼ばれるものを紹介します。系統的脱感作は、ウォルピによって開発された治療技法のひとつで、不安や恐怖反応に対して、それらの反応と真逆のリラックス反応を同時に引き起こすことで、不安や恐怖を徐々に低下させていこうと考えるものです。言い換えれば、不安や恐怖に「なれさせる」ことで、そのような状態を克服していこうと考える方法です。この技法を用いるコツとしては、不安に感じることを、低いものから高い順に整理して（「不安階層表」と呼ばれるものの作成）、低いものから順に取り組んでいくことが挙げられます。

　具体的に、人前で話すことへの恐怖が強い児童生徒への支援を考えてみまし

ょう。人前で話すことが怖いと一言で言っても、その状況は多岐にわたります。例えば、2、3人の前で話す状況と、30人の前で話す状況では、緊張感が違ってくると思いますし、2、3分話すのか、30分話すのかでも、また違ってくると思います。また、話す内容によって緊張度合が違ってくるかなど、何に対して不安が高くなるのかは、人によって違います。ですので、まずは不安階層表を作成するために、児童生徒に人前で話すことへの恐怖について、しっかりと話を聴いて、状況を整理することに努めます。架空の例になりますが、表4-2に示しているように、児童生徒が不安、恐怖を感じる場面をできるだけ細かく細分化していきます。

表4-2　不安階層表の作成例

行動例	得点
ひとりで鏡の前などで自己紹介する	5点
母親など家族の前で自分の好きなことを1分間話す	10点
親しい友人ひとりに自分の好きな音楽の話をする	20点
複数人の友人の前で自分の好きな音楽の話をする	45点
小グループでのディスカッションに参加する	65点
クラス全体の前で3分間スピーチする	80点
学校行事等で全校生徒の前で発表する	100点

　そして、状況を十分に整理できた段階で、恐怖の得点が低いものから順に取り組んでいきます。取り組む際には、リラクセーション等の緊張を緩和する技法（呼吸法など）を併せて実施します。課題に取り組みつつ、そのときに生じてきた不安や恐怖を和らげながら進めていく感じです。なお、系統的脱感作は、もともと行動療法的なアプローチですが、そのエッセンスはそのままに、認知療法的な技法も併せて取り組むと、より効果が高まります。例えば、「小グループでのディスカッションに参加する」という課題に取り組む際に、「みんな自分の話を面白くないと思っているに違いない」、「話すのが下手だから絶対に

失敗するだろう」といったような、さまざまな極端な考え方が生じてくるかもしれません（極端な考え方の種類については、表4-3を参照）。そのようなときに、「なぜそのように考えてしまうのか」をしっかりと話しあい、極端な考え方を和らげながら、ひとつひとつの課題に取り組んでいきます。課題への取り組みを通して、児童生徒の自己肯定感を高め、最終的な目標をクリアできるよう、支援を行っていきます。

表4-3　極端な考え方とその具体例（大野，2003を参考に作成）

極端な考え方の一例	具 体 例
根拠のない決めつけ （証拠がないのに特定の考えを信じ込むこと）	人と話すときに、「みんな自分の話を面白くないと思っているに違いない」と考える
白黒思考 （物事を0か100かで考えること）	「発表は100％うまくできないと失敗と同じだ」と考える
べき思考 （行動を制限する考え方）	「話は面白くあるべきだ」と強く考える
自己関連づけ （出来事を自分に関連づけて解釈すること）	発表中に笑っている人がいたら、「自分が何か変なことを言ってしまったのではないか」と考える

　以上のように、認知行動的アプローチの大きな特徴は、不適応行動も適応行動も学習された（される）ものだと考えるところにあります。「ある状況で、ある行動が生じるのは、特定の考え方があるからだ」といったように、刺激、行動、認知を整理すれば、児童生徒の状態像も、より明確に整理していくことが可能になります。学校現場では、今回例として挙げたこと以外でも、例えば、不登校の児童生徒に対して、「まずは保健室登校からトライしてみよう」といったように、意識せずとも認知行動療法的なアプローチに基づいたかかわりは多く取り入れられています。このように、認知行動的アプローチは、学校現場にも極めて親和性が高い、有効な支援方法のひとつだと言えます。ただし、児童生徒の課題を探っていく段階では、話をしっかりと聴いていくことが求められてきますので、あまりにも機械的な対応になってしまわないよう、意識しておくことが重要になります。児童生徒ひとりひとりのニーズに応じた柔軟な支援を心がけることが大事なポイントになります。

3. パーソン・センタード・アプローチ

パーソン・センタード・アプローチは、ロジャーズによって提起されたカウンセリング理論です。この理論の中核は、「人には自律的に成長していく力が備わっている」と考えるところです。このような、人がその人らしく自然に成長していく傾向のことを、自己実現傾向と言いますが、心理的に不適応な状態とは、この自己実現傾向が発揮できないときだと考えています。この自己実現傾向が妨げられる要因のひとつとして、ロジャーズは自己概念と経験の不一致を取り上げています（図4-3）。

つまり、自分自身に対してもっているイメージと、現実の世界で経験することの落差が大きいほど、人はその人らしく生きていくことができなくなってしまうと考えます。例えば、「自分はクラスの人気者である」といった自己概念をもっている児童生徒が、同級生からあまり注目されない状況を繰り返し経験した場合、自己概念と経験の間に不一致が生じていることを意味します。不一致が大きくなってしまった結果、自己評価が低くなることで気分が低下してしまうこともあるでしょうし、人と積極的にかかわることができなくなってしまうかもしれません。それゆえに、現実生活のなかでの経験をポジティブに体験できる機会が少なくなってしまって、自然に自己実現傾向も発揮できなくなってしまうと考えています。ですので、パーソン・センタード・アプローチでは、自己実現傾向を発揮できるよう、自己概念と経験の不一致を解消することを目的として、支援を行います（図4-3）。

それでは、パーソン・センタード・アプローチでは、どうすれば自己実現傾向が促進される（自己概念と経験の不一致が解消される）と考えているのでしょう

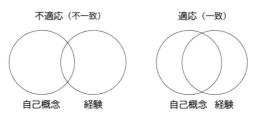

図4-3　自己概念と経験の一致と不一致（Rogers, 1951を一部改変）

か。この問いの答えとして、ロジャーズは「パーソナリティ変化の必要にして十分な条件」を整理し、カウンセラーが、主に「無条件の肯定的関心」、「共感的理解」、「自己一致（純粋性）」といった3つの態度をもって、クライエントの話を聴いていくことができれば、自己実現傾向が促進される（自己概念と経験の不一致が解消される）と考えています。

　無条件の肯定的関心とは、目の前のクライエントをありのままに受容すること、を意味します。この場合の「ありのまま」という言葉が意味するのは、例えば、「あなたがこんな風に変わってくれたら、私はどんなにうれしいだろう」といったように、特定の条件を設けて、クライエントを受け入れようとしないということです。つまり、クライエントがカウンセラーに対して、たとえどんな態度を向けていても、クライエントの存在そのものを尊重して、関心をもち続けることを意味します。このような態度をもって、話を聴いていくことで、クライエントの自己受容が促進され、ひいては自己実現傾向を高めることにつながると考えています。しかしそうは言っても、人を「ありのままに受容すること」は簡単なことではありません。例えば、児童生徒の場合、ときには教師に対して反抗的な態度をとり、直接的に攻撃的な発言をすることもあるかと思います。そのようなときには、指導が求められることも多いはずですし、注意すること自体はもちろん何の問題もありません。しかし、ここで一歩引いて考えてみてもらいたいのですが、人に対して何か意見を言うときは、その人が持っている「価値観」に起因していることが多いのではないか、ということです。例えば、「自分より年上の人と接するときには敬語を使わなければならない」といった考え方（価値観）を強くもっている人ほど、そうでない人よりも、指導が厳しくなる傾向が強くなると思います。このように言うと、教育現場では現実的に実践しにくいように思われるかもしれませんが、大事なのは、指導すべきことは指導しつつ、その一方で、教師自身の考えの押しつけになっていないか、その都度内省を行うことです。実際に、カウンセリングは「話を聴く」ことを目的として行われるわけですが、そのときに、カウンセラー側の考え（価値観）の押しつけになってしまうと、クライエントが相談に来なくなる可能性が高くなるのは、容易に想像ができるのではないでしょうか。

次に、共感的理解とは、クライエントが感じていることや体験していること（内的世界）を、「あたかも」カウンセラー自身も感じているかのように、ともに感じることを意味します。この「あたかも」というところが大事なポイントで、前提として、カウンセラーはクライエントが感じていることすべてを理解することは不可能であることを理解しておく必要があります。これは言われてみれば当たり前のことですが、話を聴いていくなかで、相手のすべてを理解できている、という「錯覚」に陥らないように常に意識することが大事だということです。どういうことかというと、例えば、非行に走った児童生徒の話を聴く際に、カウンセラーにも同じような経験があったと仮定します。カウンセリングでは、児童生徒から、非行に至るまでの経過やつらさが語られるわけですが、そのときに、カウンセラーにも同じような経験があるから、相手が感じていることをわかっているつもりにならないように気をつけるべきだということです。つまり、カウンセラー自身の経験という枠組みに頼りすぎてしまうと、相手を十分に理解することができなくなってしまいます。大事なのは、目の前のクライエントが、今何をどのように感じているかを理解する姿勢をもちながら、話を聴いていくことだと言えます。このような姿勢を保つことで、クライエントは「受け入れられている」感覚が増し、より深い自己理解につながると考えられます。

　そして、3つ目の「自己一致（純粋性）」とは、カウンセラーがカウンセリングの過程で生じてくる内的な体験（感情、気分、態度など）に気づいて、ありのままの自分でいようとすることを意味します。例えば、カウンセリングの過程では、カウンセラーといえども、クライエントの発言にとまどうこともあるでしょうし、場合によっては、不快に思うことさえあります。そのようなときに、カウンセラーが感じている気持ちを抑え込んで、そのままの状態でカウンセリングを続けていくと、カウンセリングが機能しなくなってしまう可能性が高くなります。その理由は、無理にそのような不快な感情を抑え込んでいると、カウンセラー側に心理的な緊張が高まり、そのような緊張感がクライエントにも伝わって、両者の間に良好な関係が築けなくなってしまうからです。また、不快であることを抑え込んでいるということは、時間が経過するにつれて、無意

識レベルで「クライエントのことを知ろう」という気持ちからも遠ざかってしまう可能性があります。このような理由から、カウンセラーはその都度、自分自身がクライエントに対してどのような気持ちをもってかかわっているかを内省しながら、カウンセリングを進めていく必要があると言えます。このような話をすると、先に述べた「無条件の肯定的関心」や「共感的理解」と矛盾するように思えるかもしれません。しかしそもそも、カウンセラーがクライエントと向かいあったときに、自分自身の気持ちにすら気づけていなければ、自分以外の他者と向きあって、相手のことを深く知ることはできないはずです。そのため、カウンセラーには物事をメタ的にとらえる能力を涵養していくことが求められます。教育現場においても、児童生徒の何気ない一言に反応してしまうこともあると思います。そのようなときに、「なぜこんな感情がでてきたんだろう」と振り返ってみることが、相手とよい関係を築いていくうえでの第一歩だと考えられます。

　以上、3つの態度は、先述した精神分析的アプローチや認知行動療法的アプローチなどの学派にかかわらず、カウンセラーが備えておくべきものだと考えられています。つまり、人間をどのように理解するか、その背景が異なっていても、クライエントとのかかわりの土台になるということです。精神分析的アプローチを用いて、クライエントの過去の経験を整理するにしても、認知行動療法的アプローチによって現在の問題の定式化を試みるにしても、何よりも求められるのは、クライエントとの信頼関係の構築にあります。パーソン・センタード・アプローチの考え方は、まさに信頼関係の構築に重点をおいているため、児童生徒とのかかわり方を考えていくうえでは、大きなヒントを与えてくれるものだと考えられます。

▼▲　第3節　カウンセリングと教育　▲▼

　ここまで概観してきたように、カウンセリングの理論は、児童生徒の成長を支援し、彼らの自己実現を促進するうえで、多くの有用な視点を示してくれます。ただそうは言っても、教師はカウンセリングを専門としているカウンセ

ラーではないため、実際に実践していくのは難しいと考える人も多いと思います。確かに、教育（指導）と話を受容的に聴くことには、一見すると、多くの矛盾があるようにも考えられます。しかし、指導にあたって同じことを伝えるにしても、教師が自己一致しているのか、無条件の肯定的関心や共感的理解を忘れてしまっていないかを意識しているか否かで、伝わり方に大きな違いが出てくることもひとつの事実だと思います。また、児童生徒が学校生活で何に悩んでいて、具体的にどのように支援をしたらよいかを考えるうえでも、その理解を促進してくれる「枠組み（つまり理論）」があった方が、適切な理解、支援につながっていく可能性が高くなります。もちろん現在では、スクールカウンセラーの配置が一般的になってきたため、カウンセリングは専門家に任せるのもひとつの手段だと言えるでしょう。しかし、スクールカウンセラーが学校に常駐していることは極めて少なく、児童生徒と日常生活のなかで多くのかかわりをもつのは教師です。彼らの物事の感じ方や考え方は、学校生活を通して形成されていくところも大きいため、彼らが社会での適応能力を身につけていけるよう、教師もカウンセリングの考え方を学び、活用できるところは活用していくことが求められていると言えるでしょう。

▼▲　第4節　カウンセリングの技法　▲▼

　人をどのように理解するか、その考え方や支援に関する研究は日々進んでいます。それと同時に、カウンセラーとして実際にクライエントとかかわる際には、どのようなかかわり方が求められるかも研究されています。カウンセリングと聞くと、人によっては、「カウンセラーがクライエントの話を聴くもの」といったように、漠然とした理解の人もいるかもしれません。しかし、第2節で概観してきたように、カウンセリングは一般的なコミュニケーションとは似て非なるものです。そこでは、深い人間理解のための専門的知識の積み重ねが求められるだけではなく、クライエントとの関係構築に役立つ反応の仕方も理解しておく必要があります。このような「かかわりの技法」を次にまとめますので（アイビイ，1985を参考に作成）、児童生徒とかかわる際の参考にしてみてく

ださい。

①**あいづち**：相談者が話をしているときにあいづちを打つことは、基本的なことですが極めて重要です。「はい」、「なるほど」といったような声かけがあることで、話をしている相手は「自分が思っていることを話してもいいんだ」といった感覚をもつことができます。あいづちの形は、実際に声に出すこともあれば、視線を合わせながら頷くような形をとることもあるかもしれません。いずれにしても大事なのは、「適度に」あいづちを打つことです。あいづちがまったくないのはもちろんですが、逆にずっと頷いていても、相談者としては、「本当に話を聴いてくれているのだろうか」と不安になってしまいます。

②**支持**：相談者が話した内容を言語的に肯定する方法です。例えば、友人と喧嘩して、ひどいことを言われたために、気分がすごく落ち込んでいるといった相談があった場合、「ひどいことを言われてとてもつらかったね」、「そのようなことを言われると、気分が落ち込むのは自然なことだよね」と相手を支える返答を行うことです。支持があることによって、相談者には「支えてもらっている」といった安心感が出てくるため、信頼関係を深めていくためにも重要な技法と考えられています。

③**要約**：相談者の話をしばらく聴いた後に、カウンセラーがその話の内容をまとめて、相談者に返す方法です。話した内容を再提示することで、相談者は話をしっかり聴いてもらえているという感覚をもつことができます。要約が大事なのは、「カウンセラーが話をしっかり聴いていること」を伝えるためだけではありません。相談の要所要所で要約を繰り返していくことで、相談者も自分が話したこと（話していること）を整理することができます。そのことによって、カウンセリングの機能を最大限に活かすことができます。

④**感情の反射**：カウンセリングは相談者の悩みやつらさを軽減することをひとつの目的としていますが、すべての相談者が、そのようなつらさを言語化して表現できるとは限りません。言い換えれば、相談者自身も何に苦しんでいるのか、自分の感情をうまく伝えることができない場合も多々あります。そのようなときに、相談者の言語表現の奥底に秘められている感情を読み取って、その感情を伝え返すことが、カウンセリングの進展において大事なポイントのひと

つだと考えられています。例えば、これまで親しかった友人があまり話をしてくれなくなった、といった相談を受けた際、「寂しい感じがするのかな？」と返答することが、感情の反射に該当します。このように、何らかの出来事を経験したときに生じてくる気持ちに焦点を合わせることで、相談者の混乱した気持ちを整理する一助になると考えられています。

⑤**明確化**：教育現場では、周囲の大人から相談を勧められて来る児童生徒も多いため、本人自身がそもそも何に困っているかを十分に理解していないケースも散見されます。このようなときに有用なのが、明確化と言われる技法です。言葉の通り、相談者が話してくれた内容のどこがポイントになるのか、カウンセラーが注意深く読み取りながら、問題の中核と考えられるところに焦点を合わせていく技法です。例えば、「学校で友だちとあまり話せないことに不安を感じている」との相談を受けた場合、これだけの状況説明では、詳細がまったくわかりません。そのため、具体的にどのような状況で話せないのか、話せないときはいつも不安を感じているのかなど、さまざまな観点から質問を重ね、問題と考えられる部分を明確化していきます。

　カウンセリングで用いられる基本的な技法を紹介しましたが、これらの技法はカウンセリング場面に限らず、人とスムーズなコミュニケーションをとっていくうえで、非常に有用なものです。「あいづち」ひとつをとって考えてみても、会話のなかで相手がまったく微動だにせずに、こちらの話をただじっと聴いている状況では、話し手は自分が感じていること、考えていることを相手に伝えることが難しくなってしまいます。ですので、カウンセリングの理論に関する知識を学ぶことに加えて、カウンセリングの技法も併せて学んでおけば、児童生徒と深い信頼関係を築いていくうえでの一助になると考えられます。ただひとつ注意点を挙げるとすると、話の聴き方の技法を使うだけでは、関係構築において十分とは言えないところです。あくまでも、理論を理解したうえで、技法も併せて使っていくことが重要だと言えます。

▶▶ **ディスカッショントピック**

① カウンセリングのような「話を聴く」時間を設けることで、児童生徒および教師にはどのようなメリット・デメリットがあると思いますか？

② ①を踏まえて、児童生徒が教師に相談しやすい環境をつくるために、教師にはどのような工夫ができると思いますか？

【引用文献】

アレン・E・アイビイ，福原真知子・椙山喜代子・國分久子・楡木満生（訳編）(1985) マイクロカウンセリング―"学ぶ―使う―教える"技法の統合：その理論と実際―．川島書店．

前田重治 (1985) 図説臨床精神分析学．誠信書房．

前田重治 (2014) 新図説精神分析的面接入門．誠信書房．

大野裕 (2003) こころが晴れるノート―うつと不安の認知療法自習帳―．創元社．

Rogers, C. R. (1951) *Client-Centered Therapy: its current practice, implications, and theory*. Houghton-Mifflin. （保坂亨・諸富祥彦・末武康弘（訳）(2005) クライアント中心療法．岩崎学術出版社．）

Chapter 5
 子どものアセスメント

> 　教師は多様な児童生徒とともに日々の教育活動を行っています。一人ひとりと向きあうには、最近の子どもたちはこうだ、というように児童生徒のあり様を単純化することなく、丁寧に観察・把握し、指導につなげていく力が求められています。本章では、児童生徒のアセスメントについて彼らが発するさまざまなサインに気づく大切さのみならず、児童生徒を取り巻く社会経済的背景とそれが彼らに与える影響についても考えます。また、学級集団のアセスメントや、SCやSSWといった専門家の視点からのアセスメントについて学びます。

▼▲ 第1節　学校におけるアセスメントとは　▲▼

　学校という学びと成長の場で児童生徒たちは日々変化していきます。去年は控えめでおとなしかった児童生徒がクラスや友人が変わったことで活発ではきはきした様子に変化することはよくあり、子どもの本質は変化であるとも言えるでしょう。そのため個々の児童生徒について安易に決めつけることは控えなければなりませんが、児童生徒を取り巻く社会が複雑化するなか、困難な状況にある子どもたちのサインに気づき教育活動につなげる必要があります。文部科学省（2017）は学校の教育相談体制において学級担任が役割を果たすには「観察する力」が必要であるとしています。そして観察したものを整理し児童生徒への理解を深め具体的な援助につなげる必要があります。学校におけるアセスメントとは、学校生活のさまざまな場面における観察を通じて気づいた情報やデータを収集・把握し、理解を深めることにより援助活動につなげることといえるでしょう。さらに、近年は学級担任だけではなく専門的知識をもつスタッフと連携することが求められており、スクールカウンセラー（以下、SC）やスクールソーシャルワーカー（以下、SSW）によるアセスメントも活用していくことが必要です。以下、蔵岡（2018）を参考にしながらみていきましょう。

第2節　教師によるアセスメント

1．一人ひとりのサインに気づく

　学校は児童生徒が日中のほとんどを過ごす日常の場であり、日中のかかわりから多くの情報を得ることができます。文部科学省（2017）は、児童生徒の心理的または発達的な課題は、日常的行動観察、学業成績、言動・態度、表現物等を通して気づく場合があるとしています。

（1）行動観察

　児童生徒を観察する方法には、日常場面のなかでありのままを観察する自然観察法や、観察者が活動に参加しながら観察する参与的観察法、場面を設定して行動を観察する実験的観察法などさまざまな観察法があります。学校では教師自身が純粋に観察者となることは少なく、授業時間や休み時間や放課後などに教育的かかわりを行いながら参与的に観察していることがほとんどです。教師の視線を児童生徒が強く意識する場面では自然な姿を観察することは難しくなるため、休み時間や掃除時間、給食準備、登下校の時間など、教師による観察が強く意識されない場面での様子に気を配るとよいでしょう。

　行動観察を通して課題に気づくためには日頃からのかかわりが欠かせません。彼らとこまめに言葉を交わし、服装や持ち物、髪型や表情、声の調子など日頃の様子を把握しておくことが必要です。児童生徒とのかかわりが十分でない時期（新学期など）は、彼らの変化に気づきにくく特に注意が必要です。

（2）学業成績

　学業成績は、児童生徒の課題に気づくための重要な情報です。なんらかの心理的ストレスにさらされている児童生徒は、本来の力を発揮できず学業成績が低下することが知られています。小テストや単元テストなどで日頃から児童生徒の学業の様子を把握することはもちろんのこと、急激な成績の低下や解答が投げやりになっていないかなど変化に気を配ります。

　学業成績の変化を把握するためには、知能と学力を比較することもひとつの方法です。新学期に実施されることの多い集団式知能検査に学年別知能検査があります。知能指数や知能の特徴、知能のタイプとともに、知能構造から推定

される学力期待値を教科ごとに得られます。学力偏差値から学力期待値を引いたものは成就値と呼ばれ、知能から期待される学力を実際に発揮できているのかを表しています。そのなかには、知能に比べて学力が著しく低い生徒もいます。知的能力があるのに能力を十分に発揮できていない状態と考えられ、①低い学習意欲、不安や緊張、劣等感、自信のなさ、②何らかの障害（視覚障害や難聴、知的能力の不均等さ）、③教育に過度に干渉、あるいはまったく無関心な家庭環境、④教師の指導上の問題などが考えられます（藤田・楠本，2008）。このように、知能と学力を比較することにより、児童生徒の力が阻害されることなく十分に発揮されているかどうか把握することができるのです。

（3）言動・態度

児童生徒の言動・態度からも多くの情報が得られます。発言の内容のみならず表情や話しぶり、声のトーンにも重要な情報が含まれています。日頃の様子と比べて気になる場合は注意が必要でしょう。

さらに、いじめや不登校をはじめとするさまざまな問題に関して、彼らの多くは、問題が表面化する以前にいろいろな形で意図的にあるいは意図せずにSOSのサインを出しています。これらのサインに教師が気づき早期に状況を見立てることが必要です（表5-1）。

（4）表現物

学校にはわざわざ生徒理解のため検査を実施しなくとも、参考にできる情報

表5-1　子どもたちのサイン（向後・山本，2014）

---
(1) 出欠席など
　・欠席が増える・長引く
　・遅刻・早退が増える

---
(2) 態度・行動（授業時間や成績に関連する）
　・授業をサボる（授業を抜け出す）
　・授業前に教室に入る時間がぎりぎりになる
　・授業に集中しない（私語などで妨害する・授業中に寝る）
　・授業中に立ち歩くなど落ち着きがない
　・授業に参加しない（授業中の発言が減る）
　・授業中にぼんやりしている
　・忘れ物が増える、物をよくなくす

・ノートなどをとらなくなる
・課題をやってこない（今までは出していた提出物を出さなくなる、あるいは期限を守らなくなる）
・成績が下がる

(3) 態度・行動（授業時間以外）
 ・あいさつをしなくなる
 ・話しかけても返事が返ってこないことが多くなる
 ・いつもいらいらしている・落ち着きがない
 ・教員と視線を合わせなくなる
 ・いつも教員の近くにいるようになる（特に用もないのに職員室にいる）
 ・反抗的な態度が目立つ（口答えする）
 ・独りでいることが増える（班分けなどで孤立する）
 ・友人関係の変化（仲のよかったグループからの離脱など）
 ・掃除などを独りでやっている
 ・体調不良の訴えにより保健室に行く回数が増える
 ・けんかなどのもめ事が多くなる
 ・独りごとが多くなる
 ・突然、泣き出すなどの情緒的な不安定さがみられる

(4) 服装・持ち物
 ・身だしなみがだらしなくなる
 ・身なりを気にしなくなる
 ・髪を染める・ピアスなどの校則違反が目立つ
 ・（制服でない場合）いつも同じ服を着ている・服の汚れが目立つ
 ・持ち物の傷みが目立つ（教科書が汚れている・破れている）

(5) 部活や学校行事
 ・部活をやめる・部活を休む
 ・学校行事に積極的でない（修学旅行などのイベントに参加しない）

(6) その他
 ・体重の増減（著しく痩せる・太る）がみられる
 ・リストカットなどの自傷行為が疑われる
 ・備品の破壊（ゴミ箱をけ飛ばす、机をける）
 ・学校に不要なもの（ゲーム・携帯電話・お菓子・漫画など）を持ってくる
 ・けがが多くみられる（いじめ・非行・虐待の可能性もある）

がたくさんあります。生活ノートや連絡帳の記述や健康観察からも児童生徒の日々の変化を読み取ることができます。ほかにも児童生徒が示すサインは絵画や創作物、作文、感想文などにも表れるため、彼らの理解に役立つでしょう（表5-2）。いずれの場合も集団で作成・記入する場合が多いため、学級の様子など影響を受けることを考慮することや、日頃の様子と比較して検討すること

表5-2　絵画・工作・作文・感想文などに表れるサイン

- 筆圧（極端に強い、消えるように薄い）
- 乱雑な線（とぎれとぎれ、ぐちゃぐちゃ書き）
- 書きなぐり、独特な強調（通常強調しない部分を強調している）
- 独特な色彩、色を十分に使っていない
- 一度書いたものを塗りつぶす、破壊的など
- 絵や字が用紙に対して極端に小さい・大きい
- 指示にそぐわない内容、言葉遣いの変化、自己否定的な記述、極端な考え方
- 何かにとらわれたような記述、悲観的な記述

が必要です。

　以上、日常的行動観察、学業成績、言動・態度、表現物等を通して気づく具体的なポイントについてみてきました。近年では、自殺予防の観点から1人1台端末を活用し毎朝健康観察を兼ねた心身不調のスクリーニングを行うサービスや今日の気分を選んで登録する、相談希望を通知できるといった機能の活用も呼びかけられています（文部科学省, 2023）。しかし、これらはあくまでもツールのひとつであり教師自身が児童生徒の発するさまざまなサインをキャッチできることが必要でしょう。また、災害や事件などが発生した際に、児童生徒のストレス状況をアンケート調査し支援に活用することも行われており、ますます学校におけるアセスメントの重要性は増しています。

2．社会経済的背景のアセスメント

　子どもは家庭や学校、地域、その背景にある社会文化的な影響を受けて成長していきます。これらの環境的要因の影響は計り知れません。生徒指導提要改訂版においても児童生徒の課題を生物学的要因、心理学的要因に加えて社会的要因から実態を把握するBPSモデル（Bio-Psycho-Social Model）によるアセスメントが挙げられており、児童生徒を社会的文脈でアセスメントすることが必要とされています（文部科学省, 2022）。

　例えば家庭において経済的な困難にある児童生徒は、歯科の未受診や視力矯正をしないといった疾病や不健康に直接関連する事がらはもちろんのこと、貧困に向けられる社会的なスティグマやそれが彼らのなかに内在化されることに

よって形成されるセルフスティグマが精神的健康に否定的な影響を与えることが指摘されています。経済的な困難と児童生徒の内面を切り離さずに観察する視点が必要と言えます。

また、本来であれば大人が担うような家事や家族の世話を行う児童生徒の負担も注目されています。慢性的な病気や障害、精神的な問題、高齢や幼いといった理由から、看護や介護や見守りなどを必要とする家族の世話に時間を割くことで学習や同年代との交流が妨げられてしまうのです。毎日の食事の用意や後片付け、洗濯、ゴミ出し、買い物、きょうだいの世話や、ケアの必要な家族の話を聞いたり、元気づけたりするなどの感情面のケア、なかには病院への付き添い、救急車への同乗、自宅での経管栄養のケア、薬の管理、金銭管理をしている児童生徒もいます（澁谷, 2022）。負担が大きく学業や学校生活に影響することはもちろんのこと家族を思う気持ちをもちながらも負担感を感じてしまうという葛藤を抱える児童生徒も多く、複雑な心情に理解が必要でしょう。

外国にルーツをもつ児童生徒への理解も必要です。外国にルーツがありながらも日本に生まれ育った子どもにとって行ったこともない国の固定化したイメージで判断されることはアイデンティティの形成に大きな影響を与え、日本への極端な同化や親へのジレンマなどいわゆるアイデンティティ・クライシスと呼ばれる状況を引き起こします。

3．学級のアセスメント

これまで児童生徒一人ひとりをアセスメントする方策についてみてきました。しかし教師（学級担任）による実際のかかわりは個別での対応より集団を対象としていることがほとんどです。教師は生徒一人ひとりのアセスメントに加えて、学級の状態を観察しつつ理解を深め、教育活動につなげることも必要でしょう。

児童生徒が成長することと同様に、学級も次のように集団が編成された始まりからプロセスを経て成長していくことが知られています（河村, 2009）。①混沌・緊張期：学級編成直後の段階で、児童生徒同士に交流が少なく、学級のルールも定着しておらず、一人ひとりがバラバラの状態。②小集団形成期：学級

のルールが徐々に意識され始め、児童生徒同士の交流も活性化してくるが、その広がりは気心の知れた小集団にとどまっている状態。③中集団形成期：学級のルールがかなり定着し、複数の小集団が連携できるような状態。リーダーがいる小集団が中心となって、学級の半数の児童生徒が一緒に行動できる。④全体集団成立期：学級のルールが児童生徒に内在化され、彼らが学級の一員として自覚をもち、全員で一緒に行動できる状態。⑤自治的集団成立期：④の状態がより成熟し、課題に合わせてリーダーが選ばれ、学級の問題は自分たちで解決できる状態。学級が建設的に運営されていればこのような過程が出現するとされており、学級集団の発達がどの段階か把握することが学級アセスメントの最初の足がかりとなるでしょう。

　学級のアセスメントには、質問紙（後述）を用いて学級の状態を把握する方法として、Q-U楽しい学校生活を送るためのアンケート（河村, 2006）、学級風土質問紙（伊藤・松井, 2001）などがあります。教師は1対1でのかかわりよりも圧倒的にクラス集団や学年集団といった集団と関わることが多く学級風土、集団規範、集団圧力、集団の凝集性といった力動をアセスメントする必要があるのです。

▼▲　第3節　子ども理解に影響する要因　▲▼

1．教師自身のアセスメント

　自分がなぜ教職に興味をもっているのか、なぜ子どもを相手にする職業を選ぶのか考えを深めたことはあるでしょうか。教師のどのような側面にやりがいを感じ、児童生徒をどのような存在としてとらえているのでしょうか。教師自身の興味や関心、価値観は教師の言葉や態度として表出され、児童生徒に影響を与えます。児童生徒のみならず、教師が自分自身のアセスメントを行い、自己理解を深めることも重要です。石隈（1999）は、教師やカウンセラー自身がアセスメントを行う必要があるのは、教師自身の価値観、考え方、感情、そして問題のとらえ方がアセスメントのあり方（収集する情報の選択、情報の解釈など）に影響を与えるためとしています。教師自身が自分の価値観や考え方の特徴や

クセを知り、理解を深めてこそ、対象である児童生徒の理解が深まるのです。また、教師は、児童生徒にとって自身を取り巻く環境の重要な構成要素であり、教師の存在そのものが環境のひとつとして児童生徒に影響を与えていることを自覚することが大切です。教師を切り離して児童生徒の環境を考えることはできません。環境の一部としての教師自身がどのような存在であり、児童生徒とどのような相互作用をもっているのか認識する必要があるのです。

　以下は、児童生徒と向きあう際に影響を与える教師自身の価値観の理解を促進する設問です。以下の設問について、なぜそのように考えるのか理由とともに自分自身の内面を掘り下げて考えてみましょう。

〈社会文化的背景について〉
①家族や身近な人から社会ではどのような規範やルールを教えられましたか。それはあなたの価値観や他者に対する見方、将来の夢などにどのように影響したでしょうか。
②学校では、どのような規範やルールを学びましたか。それはあなたの価値観や他者に対する見方、将来の夢などにどのように影響したでしょうか。小学校、中学校、高校それぞれについて振り返ってみましょう。
③あなたが成長した時代や文化にはどのような伝統や慣習、先入観が存在していたでしょうか。またそれはあなたにどのような影響を与えているでしょうか。

〈子どもに関する価値観について〉
①あなたはどんな子どもが好きですか。
②あなたはどんな子どもが苦手ですか
③あなたは子どもにどのような成長を遂げてほしいと思いますか。
④子どもの言動で許せないのはどのようなものですか。

　また、教師は物事のとらえ方が堅く極端になりがちともいわれています。以下のような堅く極端なとらえ方は児童生徒に影響を与えるだけでなく、気分の落ち込みや燃え尽き症候群といった教師自身のメンタルヘルスの悪化の一因ともなりかねないものです。例えば、「私は完璧な教師であるべきだ」「私はどんなときも誰からも好かれなければならない」「私がこんなにがんばっているのだから、子どもは目に見えてよくなるべきである」「子どもは教師である私はいつでも尊敬するべきである」「私の学級は私の思い通りになるべきである」などがあります（石隈, 1999）。現実的で柔軟な別のとらえ方がないか考えてみ

ることが必要です。

2．子どもの正しい理解を妨げる要因

　教師が児童生徒を理解しようとするとき、上述のように教師自身の価値観や考え方以外にも、正しい判断や理解を妨げる要因があります（加澤・広岡, 2007）。

①対比効果（contrast effect）：人が自分の属性や能力を基準として、他人を判断・評価してしまいやすい傾向のことです。例えば、非常に厳格でまじめな性格の教師が、ある児童生徒をルーズでだらしない性格とみなしたとします。しかし、自分自身もルーズで寛大な性格の教師は同じ生徒をそれほどルーズでだらしないと判断しないでしょう。このように人は自分自身を基準として判断してしまうのです。

②寛容効果（generosity effect）：親しい相手やよく知っている人に対して、さまざまな側面を全般的に好意的に判断しやすい傾向のことです。よく話をする生徒については判断・評価が甘くなり、反対にあまりかかわりのない生徒については実際よりも厳しく判断・評価してしまうことがあるのです。

③ハロー効果（halo effect）：ある人が顕著に優れた特徴をもっている場合、その人の他の側面についても肯定的に高く評価してしまうことです。ハロー（halo）とは仏や菩薩の体から放射される後光のことです。例えば教師は学業成績が秀でた児童生徒に対しては、性格や行動などその他の側面も好ましい傾向をもっていると評価してしまいがちです。反対に、ある一面が極端に劣った傾向がある場合も同様に他の面まで否定的にみてしまう傾向があります。

④初期効果（primary effect）：いわゆる第一印象に強く印象づけられてしまうことです。最初に見聞きした印象によって、それ以降の情報も偏って評価してしまいます。最初にたまたまよい言動が観察された児童生徒についてはそれが強く印象づけられてしまい、そのあとの悪い言動についても甘く判断してしまうことがあるのです。

⑤ステレオタイプ（stereo type）：偏見や固定観念によって、人にラベリング（レッテルを貼って決めつけてしまうこと）をして理解したと思い込んでしまい正し

い判断・評価を妨げてしまうことを言います。

第4節　SCによるアセスメント

　SCは、心理の専門家として児童生徒、保護者、教職員に対して専門的見地からカウンセリングやアセスメント、コンサルテーション（専門家による助言・援助を含めた検討）を行い、また学校全体を支援するという視点からコミュニケーションのとり方やストレスマネジメントに関する心理教育などを行う専門スタッフです。SCによるアセスメントとは、児童生徒や保護者、教職員などの関係者の情報から、なぜそのような状態に至ったのかを把握し、その関係性も含め心理学の立場から多面的に見立てることを指します（文部科学省，2017）。

　教職員はSCやSSWといった専門スタッフと協働し、専門家によるアセスメントの情報を共有し、効果的な支援につなげていく必要があります。まず実際に、SCはどのようなアセスメントを行い、また専門機関におけるアセスメントにはどのようなものがあるのかみていきましょう。

1．校内におけるアセスメント

　SCは校内において、心理学的視点から観察、面接、情報収集とその整理によってアセスメントを行います。授業中の様子はどうか、休み時間や給食・掃除の様子はどうかなど行動や発言、学習の様子や友人とのかかわり方、教職員とのかかわり方などを観察します。行事や集会など集団活動での様子や1対1での面接における発言や反応、行動もアセスメントの対象となります。また、教職員や保護者などから児童生徒に関係するなるべく多くの情報を収集します。保護者からは成育歴や家族歴などの聞き取りを行いアセスメントに活用します。これらをもとに児童生徒の知的発達の様子や情緒発達の様子、不適応状態に至った経緯などを心理学的視点からアセスメントするのです（鵜養，2005）。面接では簡単な心理検査（質問紙テストや描画テストなど）を実施する場合もありますが、校内では実施の必要性について検討・説明し、児童生徒・保護者の了解をとること、結果の取り扱いなどを十分慎重に行うことが必要です。

発達障害等困難をもつ児童生徒については、障害による困難があるかどうかを含めて学校がSC等の専門スタッフと連携することが重要視されるようになっています（文部科学省、2017）。個別の教育支援計画の作成と活用においても専門的立場からSCが心理アセスメントを行い、障害特性や適応状態の把握を行うことが必要です。

2．専門機関におけるアセスメント
（1）知能検査

　近年、発達障害のアセスメントのため知能検査の結果を校内の支援に活用することが増えてきました。知能検査には個別式知能検査と集団式知能検査があります。個別式知能検査には、田中・ビネー式知能検査、ウェクスラー式知能検査、K-ABCⅡなどがあります。

　田中ビネー式知能検査は、ある年齢集団の4分の3の人が正答できる課題を設定し、精神年齢（MA）を算出します。精神年齢（MA）と暦の上での年齢である生活年齢（CA）から、知能指数（IQ）を算出することができます。

　ウェクスラー式知能検査は、心理学者ウェクスラーによって開発された知能検査で、年齢別に就学前児童用（WPPSI）、児童用（WISC）、成人用（WAIS）があります。現在、知能検査は実証的な知能研究の集大成とされるCHC理論に準拠することが求められており、WISCもこれを取り入れ改訂が繰り返されてきました。それぞれ改訂版が出されており、Ⅲは第3版、Ⅳは第4版、Ⅴは第5版をそれぞれ表しています（表5-3）。

　ここでは、学校で用いられることが多いWISC-Ⅴについて説明します。全検査IQ（FSIQ）と「言語理解指標（VCI）」「視空間指標（VSI）」「流動性推理指

表5-3　ウェクスラー式知能検査

WPPSI-Ⅲ （ウィプシー・スリー）	WISC-Ⅴ （ウィスク・ファイブ）	WAIS-Ⅳ （ウェイス・フォー）
就学前児童用	児童用	成人用
2歳6ヵ月から7歳3ヵ月	5歳から16歳11ヵ月	16歳から89歳

標(FRI)」「ワーキングメモリー指標(WMI)」「処理速度指標(PSI)」の5つの主要指数と5つの補助指標により算出されます(表5-4)。これらの指標のバラツキなどWISC-Ⅴの結果を読み解くことにより、発達障害の程度や支援の工夫など手がかりを得ることができるのです。

K-ABCⅡは、WISC-Ⅴと同様にCHC理論を取り入れ、「同時処理」「継次処理」「学習能力」「計画能力」の4つの能力から認知処理過程を測定し、基礎学

表5-4 WISC-Ⅴ知能検査の構成 (Wechsler.D., 2022)

	全検査IQ (FSIQ)	全般的な知的水準(知能)
5つの主要指標	言語理解指標(VCI)	獲得した言葉の知識にアクセスし応用する能力。
	視空間指標(VSI)	視覚的詳細を評価し、視空間関係を理解する能力。
	流動性推理指標(FRI)	視覚対象間の根底にある概念的関係を検出し、推理を用いてルールを特定し応用する能力。
	ワーキングメモリー指標(WMI)	視覚や聴覚の情報を意識的に登録し、保持し、操作する能力。
	処理速度指標(PSI)	視覚的判断、意思決定、決定実行の速度と正確さ。
5つの補助指標	量的推理指標(QRI)	「バランス」と「算数」の評価点の合計から算出され、量的推理スキルを示す。
	聴覚ワーキングメモリー指標(AWMI)	「数唱」と「語音整列」の評価点の合計から算出され、聴覚ワーキングスキルを示す。
	非言語性能力指標(NVI)	言語による回答を必要としない課題の6つの下位検査評価点の合計から算出される。聴覚に障害のある子どもの認知能力の有用な推定値にもなる。
	一般知的能力指標(GAI)	言語理解、視空間、流動性推理の下位検査に基づき、ワーキングメモリーや処理速度に頼らない一般知的能力の推定値が得られる。
	認知熟達度指標(CPI)	ワーキングメモリー、処理速度の下位検査に基づき問題解決、高次推理、情報処理効率の推定値が得られる。

力も測定できる検査です。

(2) 心理検査

パーソナリティの特性を理解するための心理検査には、質問紙法、投影法、描画法、作業検査法などの種類があります。

①質問紙法

質問紙法は、質問に対して「はい」「いいえ」「どちらでもない」などの回答に答えていく形式の検査です。パーソナリティの特徴をいくつかの要素に分けて、個人がその要素をどの程度有しているかを測定し、それを統計的に割り出された基準と比較することで特徴をとらえます。代表的なものにエゴグラム、Y-G（矢田部-ギルフォード）性格検査などがあります。学校現場でも活用されることが多いエゴグラムについて詳しくみてみましょう。

エゴグラムは、交流分析の理論に基づいた質問紙で、自我状態を批判的な親（CP: Critical Parent）、養育的な親（NP: Nurtuing Parent）、大人（A: Adult）、自由な子ども（FC: Free Child）、順応した子ども（AC: Adapted Child）の5つの特性に分けてとらえます（表5-5）。これらの特性をどの程度有しているか、バランスはどうかなどをプロフィールから読み解きます。

学校にはさまざまな個性をもつ児童生徒が在籍しています。エゴグラムはその個性のほんの一部分を5つの特性によって表したものであり、特徴を単純にあてはめて理解することは控えなければなりません。

②投影法

投影法はあいまいな刺激を提示し、それに対する反応からパーソナリティを把握・理解しようとするものです。刺激には文章や図形、絵などが使用されます。未完成の文章を提示して文章を完成させるSCT（文章完成法）、インクのシミのような模様を提示してどのように見えるかを問うロールシャッハテスト、欲求不満場面をイラストで提示しその反応を吹き出しに書き入れるP-Fスタディ（絵画欲求不満検査）（図5-1）などがあります。

投影法の種類として、絵を描いてもらうことでパーソナリティを理解しようとする描画法もあります。描画法には、よく用いられるものとしてバウムテスト、HTP、風景構成法などがあります。C.コッホによって考案されたバウム

テストは、医療や児童福祉や司法の分野で広く取り入れられています。決められた用紙に鉛筆を使って1本の木（バウム）を描いてもらう検査です。C.コッホは描かれた1本の木には心が投影され、内なるものが表現されると考えました。さまざまな解釈がありますが、地面や根、幹や枝などがどのように描かれているのか、大きさや筆圧などから心の状態を探ります。HTPは家（House）、木（Tree）、人（Person）をそれぞれ書いてもらうテストで、1枚の紙に描いてもらう統合型HTPなどもあります。風景構成法は川や山、田園などを順番に描いてもらう描画法です。描画法は、検査だけでなく治療の一環として用いられることもあります。

投影法は質問紙法と比べてその実施と解釈に熟練が必要であり、また心の深い部分が投影されることが多いため、日常生活場面である学校で実施することには慎重を期し、専門機関で実施することが望ましい検査です。しかし、対象

表5-5　エゴグラムの5つの自我状態（中村・杉田, 1984改変）

自我状態	特徴
批判的な親（CP）	断定的、批判的、支配的な親の自我状態。人に厳しく命令や指示など、自分の価値観を押しつける。「当然〜するべき」「〜しなくてはいけない」などの発言や考え。
養育的な親（NP）	同情的・保護的な親の自我状態。親身になって面倒をみたり、慰めたり、温かい言葉をかけたりする。度がすぎるとおせっかいになり、相手の自主性を奪う。
大　人（A）	客観的、理論的な大人の自我状態。事実を重視しデータを集め、整理、統合したうえで、冷静な計算に基づいて行動する。高すぎると機械的な印象を与える。
自由な子ども（FC）	感情的、本能的、積極的な子どもの自我状態。自由で天真らんまん。好奇心が強く明るく活発。のびのびとしており、創造的。度が過ぎるとブレーキが利かず軽率。「わぁ！」「すごい！」など感嘆詞が多い。
順応した子ども（AC）	従属的、抑圧的な子どもの自我状態。しつけやルールを取り入れ順応しようとする。自分を抑え、相手に合わせようとし、従順で我慢強くいい子でいようとする。感情を抑圧し、劣等感を抱きやすい。

図5-1　P-Fスタディの例(Rosenzweig, S.)

となる児童生徒すべてが専門機関につながることは難しく、描画法など一部の検査を校内でSCが実施することも考えられます。

③作業検査法

　作業検査法とはある一定の作業を行わせ、その作業結果からパーソナリティの特徴を読み取ろうとする検査で、数字を単純に加算させる作業を行う内田クレペリン精神作業検査や図形を描く作業を課すベンダー・ゲシュタルト検査などがあります。

第5節　SSWによるアセスメント

　SSWとは、福祉の専門家として、児童生徒がおかれた環境への働きかけや関係機関とのネットワークの構築、連携・調整、校内におけるチーム体制の構築・支援を行う専門スタッフです。不登校やいじめ、貧困や虐待などの背景には、児童生徒の心理的な課題とともに、家庭、友人関係、学校、地域など児童生徒を取り巻く環境に課題があることも多く、学校だけでは解決が困難なケースが増えており、SSWの役割に期待が寄せられています。

　SSWは、児童生徒の抱える困難な状況は、「子どもと環境の相互作用によって生じる」ととらえ、アセスメントにおいては児童生徒の取り巻く学校や家庭、地域から情報を収集していきます。児童生徒のニーズやストレングス（長所や強み）を把握することも重要です。困難な状況にあってもストレングスを把握することにより、支援においてプラスの相互作用が生じやすく支援が効果的に行われます。

> ▶▶ **ディスカッショントピック**
>
> 教師にはさまざまな校務があり多忙と言われます。教師が日頃から児童生徒を観察し変化に気づき、支援につなぐにはどのような工夫が必要でしょうか？

【引 用 文 献】

藤田主一・楠本恭久（編著）（2008）教職をめざす人のための教育心理学．福村出版．
石隈利紀（1999）学校心理学．誠信書房．
伊藤亜矢子・松井仁（2001）学級風土質問紙の作成．教育心理学研究，49（4），449-457．
加澤恒雄・広岡義之（編著）（2007）新しい生徒指導・進路指導―理論と実践―．ミネルヴァ書房．
河村茂雄（2006）学級づくりのためのQ-U入門―楽しい学校生活を送るためのアンケート活用ガイド―．図書文化社．
河村茂雄（2009）いま、学級づくりに求められるスキルとは―個と集団を育てる学級づくりスキルアップ．児童心理臨時増刊，63（6），金子書房，2-11．
蔵岡智子（2018）子どものアセスメント．高岸幸弘・井出智博・蔵岡智子（著）これからの教育相談―答えのない問題に立ち向かえる教師を目指して―．北樹出版．pp.62-81．
向後礼子・山本智子（2014）．ロールプレイで学ぶ教育相談ワークブック―子どもの育ちを支える―．ミネルヴァ書房．
中村和子・杉田峰康（1984）わかりやすい交流分析１．チーム医療．
文部科学省（2023）児童・生徒の自殺予防に係る取組について（通知）．
文部科学省（2022）生徒指導提要（令和４年度改訂版）．
文部科学省（2017）児童・生徒の教育相談の充実について．
Rosenzweing, S.（2006）PFスタディ絵画欲求不満テスト児童用第Ⅲ版．三京房．
澁谷智子（2022）ヤングケアラーってなんだろう．筑摩書房．
鵜養啓子（2005）スクールカウンセリングにおけるアセスメントⅡ―個人の見立て―．昭和女子大学生活心理研究所紀要，7，9-18．
Wechsler, D. 日本版WISC-Ⅴ刊行委員（訳）（2022）日本版WISC-Ⅴ知能検査理論・解釈マニュアル．日本文化科学社．

Chapter 6
▲▼▲ 教師に必要な精神医学的知識 ▲▼▲

> 精神疾患に皆さんはどのようなイメージをもちでしょうか。個人主義的な価値観に基づいた社会規範が根底に流れる欧米諸国と比較して、家族や組織の和を重んじ、表立った感情の表出を美徳としない価値観が根底に流れる日本においては、感覚的にはいまだに精神疾患についてオープンに語るのがはばかられる風潮が一般的で、個人の弱さに起因するものであるといった偏見や誤解に満ちたネガティブなイメージをもつ人は決して少なくないのではないでしょうか。本章ではこれまでの精神医学の歩みを踏まえ、児童生徒によくみられる精神疾患について概観していきます。

▼▲ 第1節 なぜ必要か ▲▼

　精神疾患と言われるような状態を医学的疾患としてとらえようとする試みのはじまりは、古代ギリシア、中国やインド医学のなかにも見出されますが、その病因のとらえ方や分類方法はさまざまであり、近代精神医学に連続しているものとは考えにくいものでした。世界的にも、日本においても、古くは、精神疾患は宗教的な意味づけをもって解釈され、患者は治療する対象というよりも社会から隔離するために施設に収容されていた時代がありました（尾崎・三村, 2024）。このような歴史的背景も偏見の原因となっているかもしれません。

　現在の精神医学のような枠組みの始まりをどこに見出すかという点については、フランス革命の影響を受けたフィリップ・ピネルによる精神病患者の「鎖からの解放」が起った19世紀頃であるとする考え方が一般的です（小俣, 2020）。その後、医学を含む科学の隆盛が起こり、精神疾患に対する薬物療法の発見も一助となり、精神医学も他の一般的な身体医学とともに、医学の対象とされる流れが主流となっていきました。

　現在の状況に目を向けると、令和2年の統計調査において、5歳から19歳の精神および行動の障害の患者総数は474,000人であり、この年齢帯の人口の2.9

％でした。1学年に100名いるとした場合、そのうち2～3名は精神疾患を患って通院している児童生徒がいる可能性があるわけです。

また、不登校児童生徒の数は近年増加の一途をたどっており、その背景にはさまざまな問題が関与するものと考えられますが、一部には精神疾患の関連を念頭におかなければならない場合もあります。いざ目の前に精神疾患を抱える児童生徒が現れたときに、どのように接することが望ましいか、単純明快な正解があるわけではありませんが、各自考えをもっておくことは重要でしょう。

▼▲ 第2節　精神科診断について ▲▼

他の医学的疾患がそうであるように、精神疾患も分類、診断して治療を試みるわけですが、目に見えない精神疾患のあいまいさゆえ、診断分類についても先人たちによるさまざまな分類法が提唱されてきた歴史がありました。その際、診断する医師によって、あるいは国や地域によってばらつきがみられたりすることがしばしばあり、信頼性妥当性の担保が困難であるという課題が出てきました。

その課題に画期的な転換をもたらしたのは、1980年に米国精神医学会から出版された「精神疾患の診断・統計マニュアル第3版 Diagnostic and Statistical Manual of Mental Disorders III〔DSM-III〕」という精神医学診断基準です（APA, 2023）。これは、可能な限り具体的で明確な症状項目を記載し、その有無を確認して、基準を満たす項目数をカウントするというアルゴリズムに従って診断する操作的診断基準という形式を採用したという点で画期的でした（Sadockら，2016）。操作的診断基準の登場により、臨床医の直感や経験の差異による診断のばらつきを防止し、精神科医同士の共通言語が生まれ、妥当性を高めるための検証、改訂が繰り返し行われてきました。かねてより世界保健機関（WHO）が発行していた国際疾病分類（ICD）においても、1992年発行のICD-10から精神疾患についての操作的診断基準を備えるようになりました（WHO, 2022）。それぞれの診断基準における精神疾患の分類の一覧表を表6－1に示します。

表6-1　操作的診断基準の概要

ICD-10		DSM-5	
F0	器質性精神障害（認知症など）	1.	神経発達症群
F1	物質使用による障害（アルコール依存など）	2.	統合失調スペクトラム症及びそのほかの精神症群
F2	統合失調症	3.	双極症及び関連症群
F3	気分障害（双極性障害、うつ病など）	4.	抑うつ症群
F4	神経症性障害、ストレス関連障害及び身体表現性障害（不安障害、適応障害など）	5.	不安症群
F5	生理的障害及び身体的要因に関連した行動症候群（摂食障害など）	6.	強迫症及び関連症群
F6	成人の人格及び行動の障害	7.	心的外傷及びストレス因関連症群（適応障害、PTSDなど）
F7	知的障害	9.	身体症状及び関連症群
F8	心理的発達の障害（広汎性発達障害など）	10.	食行動症及び摂食症群
F9	小児期及び青年期に発症する行動及び情緒の障害（多動性障害など）	11.	排泄症群（遺尿症など）

　本邦の行政においては、ICD-10による分類が採用されており、統計情報などもその分類に基づいているため、本書においては、ICD-10の分類で説明を進めていくこととします。

▼▲　第3節　学齢期に遭遇しやすい精神疾患　▲▼

　令和2年患者調査（図6-1）によると、5歳から19歳の精神疾患患者数を疾病小分類別に分けてみると、いずれの年齢、性別においても最も多いのはその他の精神疾患というカテゴリーで、これは、統合失調症、気分（感情）障害、神経症性障害、知的障害に該当しないものということになります。学校現場で

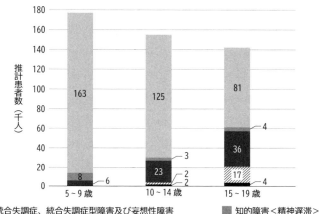

図6-1 年齢帯ごとの精神疾患患者総数とその内訳（「令和2年患者調査」（厚生労働省）を基に作成）

もよく問題になるのは、自閉症スペクトラム障害やADHDなどの発達障害、選択（性）緘黙やチック障害、摂食障害などであり、これらの疾患もこのカテゴリーに入ると考えられます。

統合失調症に関しては、小学校低学年までに認められることはほぼないと考えてよく、10代後半になるといくらか認められるようです。気分障害に関してもやはり10代後半の特に女児において比較的認められやすいという特徴がありそうです。いずれの年齢帯でも多く認めうる精神疾患として留意すべきなのは、その他の精神疾患と、神経症性障害、ストレス関連障害及び身体表現性障害という2カテゴリーであると考えられるため、そこに焦点をあてて概説していきます。

1．その他の精神疾患

（1）選択（性）緘黙

家庭や気心の知れた人の前では会話する能力に特に問題はないのに、話すことが期待される社会的場面では発話ができないという疾患です。DSM-5では

不安障害に分類されています。話せないこと以外にも、動きがぎこちなくなったり、固まってしまったりすることもしばしばみられます。一般的には自分の考えを自由に述べるような発話が難しいことが多いですが、教科書を音読するなどセリフが決まっていれば発話できることも多いです。話すように強要されることは多大な心理的負担を伴うため、発表の形式を本人の可能な形に軽減するなどの配慮が必要です。また、学校ではからかいの対象となってしまうこともあるため、学級運営にも配慮が必要になる場合もあるでしょう。

その他の不安障害と同様に、治療には薬物療法を用いる場合もありますが、副作用の懸念もあるため、学校と家庭とで連携をとり、安心できる環境調整を先行することが原則です。そのうえで、苦手な発話や行動範囲を広げることに少しずつスモールステップで挑戦していく行動療法を行っていきます。緘黙児をもつ保護者と臨床心理士が2006年夏から情報交換を始めたことをきっかけに開設されたかんもくネット（https://www.kanmoku.org/）に、配慮に関する啓発資料などが掲載されており、参考になります。

（2）摂食障害

心理的背景をもつ食行動の障害で、カロリーを制限して低体重を維持する神経性無食欲症、過食とそれによる体重増加を防ぐための不適切な代償行動を繰り返す神経性大食症、過食を頻回に繰り返し、代償行動のみられない過食性障害（むちゃ食い症）が典型的です。古くは18世紀頃の書物に「不食」の記述があり、現代的な病というわけではないようですが、1960年代のダイエットブーム以降受診者の増加がみられていると言われています。発症年齢については、以前は「思春期やせ症」と言われていたように10代中盤から後半にかけての年齢層が多い印象でしたが、最近では小学生から、思春期に発症して成人期にまで遷延化するケース、成人期に発症するケースもみられることもあり、年齢の幅が広くなってきている印象があります。

摂食障害の患者さんは、しばしば「自分は精神的な病気ではない」と主張し、精神科的な治療に興味を示さないことが多く、必然的に受診率が低くなり、疫学的な正確な調査が困難であるという特徴があります。そのため、潜在的な患者に適切な対処をし、健康を取り戻すために学校現場は非常に重要な役割をも

つと言えます。養護教諭と連携し、成長曲線から急激に外れるような体重減少がみられる場合には専門医との連携を促すことが必要になる場合もありますが、受診をしたがらない場合も多く、肥満度−15％を下回らない程度の低体重であれば、給食の摂取量、過度な運動をしていないか、教室内での様子などに注意を払い、スクールカウンセラーや管理職、学年主任などと情報共有を図りながら密に見守りを行うことが重要なフェーズもあります。学校での対応に関しては、摂食障害ポータルサイト（https://edcenter.ncnp.go.jp/edportal_pro/material.html）にまとまった情報が掲載されており、参考になります。

　摂食障害は複雑な心理的背景を伴う疾患であり、精神科的治療に本人は興味がないことも多く、多職種による入院を含めた包括的な治療が必要になることもしばしばあります。深刻な神経性無食欲症の場合、ときに命にかかわるような低栄養にまで至ることもあり、精神疾患のなかでは致死率が比較的高いという点でも注意が必要な疾患です。神経性過食症には抗うつ薬が有効な場合もありますが、神経性やせ症に有効な薬物療法はなく、治療は体重を増やすために栄養を摂取することです。

（3）発達障害

　2004年に発布された発達障害者支援法の影響もあってか、世間一般での発達障害の認知度は近年高まっており、学校現場でもそれは例外ではないのではないでしょうか。児童精神科臨床においても、発達障害疑いでの受診は少なくありません。なかには、本人や家族としては受診の必要性をあまり感じていないけれども、学校側から勧められて受診するというケースに遭遇することもあり、学校の先生方の関心の高さを感じています。ここでは主な発達障害として、自閉症スペクトラム障害、注意欠陥多動性障害について概説します。

①自閉症スペクトラム障害（Autism Spectrum Disorder: ASD）

　社会的コミュニケーションおよび対人関係の質的異常、興味の限局および行動のパターン化、感覚の過敏さを3主徴とする発達障害です。発語のみられない狭義の自閉症から、知的な遅れがなく流暢に話せるアスペルガー症候群まで、3主徴は共通しており、一連の「スペクトラム」という考え方が診断名に取り入れられています。

社会的コミュニケーションの異常は、明確な言語発達の遅れが伴う場合もあればそうでない場合もありますが、乳幼児期から親をはじめとする人への関心が薄く、視線が合いにくく、あやしても笑わない、抱かれるのを嫌がる、ひとり遊びを好むなどといった行動特性を丁寧に観察したり、主な養育者からつぶさに聞き取りを行ったりして評価を行います。学齢期には他者の気持ちを推測することが苦手であったり、集団行動を好まない、仲間関係を築けない、言葉を字義通りに受け止めてしまうなどの特性から、特に小学校高学年頃からからかいの対象になってしまったり、孤立感を感じるケースが増えてきます。学校ではみんな仲良く過ごすことがよしとされやすい文化があると思われますが、こういった特性のある児童生徒にとっては負担になる可能性がある点に留意が必要です。

　興味の限局および行動のパターン化は、独特の事がらやスケジュールなどへの強いこだわりと急な変更への強い抵抗、特定の対象物に対する膨大な知識の蓄積や、その実物の収集などとして認められることが多いです。学校では本人の興味関心に関係なくクラス単位で学習の進度が決まっている場合が多いと思われますが、本人の興味関心との乖離が大きい場合はパニックや癇癪といった問題行動につながる場合もあります。逆に、行動のパターン化が著しいため、学校のルールに厳密に従いすぎて、臨機応変に融通をきかせることが難しいといった行動で現れる場合もあります。この場合、ルールからの逸脱に寛容さがもてないため、クラスメートのちょっとしたルール違反に対して厳しく注意をしてしまうなど、トラブルの原因となることもあります。

　感覚の過敏さとしては、聴覚過敏のため騒がしい音にパニックになり耳をふさがずにはいられないケース、著しい偏食のため幼児期より米以外の食品がまったく食べられないケース、感触が苦手で着られない服があるケースなどさまざまな症状が認められる場合があります。このような感覚過敏の問題は生活のさまざまな場面で躓きとなりえますが、家庭内では本人のこだわりに合わせて苦手な音を避けたり、食べられる食品を選んで献立を構成したり、決まった服を着るといった対処でなんとか対応されていることが多く、このような特性のある児童生徒にも学びの機会を保障するために、学校でも校則等に囚われすぎ

ず、柔軟な配慮が検討されることが望ましいと考えます。

広義のASD有病率は1〜2％と言われており、男女比は2〜4：1と男性に多く、知的障害を伴わないケースが大多数です。病因はいまだ不明であり、中核症状に有効な治療薬はありません。ひどい癇癪などの行動上の問題が生じた場合には対症的に薬物療法を使用する場合もありますが、大前提として、発達段階を正確に評価したうえで、達成可能な目標を設定した療育を実施すること、生活環境からの情報をわかりやすく整理して再構成する、いわゆる「構造化」を行い、ASD児にとってすごしやすい環境を整えることが主な支援となると言えます。

②注意欠陥多動性障害（Attention-dificit/hyperactivity disorder: ADHD）

不注意、多動─衝動性を主症状とし、これらが12歳以前から生活の複数の場面で明らかとなる障害です。不注意優勢型と多動─衝動優勢型に分けることができ、前者では周囲からの過剰な叱責で自信を失うことが多く、後者は集団から逸脱する行動が目立つ傾向があります。親のしつけの問題などと誤解されることもしばしばであり、本人も不真面目であるとか、生活態度が悪いなどと否定的な評価につながりやすく、注意が必要です。実際は病因に親の養育態度は関係なく、前頭葉のドーパミンやノルアドレナリンといった神経伝達物質の機能不全が原因であるとする仮説が最も有力であり、それに基づく薬物療法が奏功することもあります。しかし、やはり前提として、周囲の理解による環境調整（集中しやすい環境・空間を整えること、集中の持続が可能な短時間に区切って課題を実施させる、望ましくない行動を叱責するよりも望ましい行動をすかさずほめるなど）を日々のかかわりのなかで心がけることが重要とされています。本人が適切な行動を学ぶためのソーシャルスキルトレーニングや、養育者が具体的な対応法を学ぶペアレントトレーニングを受けることが有用な場合もあります。

治療の目標は、ADHD症状を完全になくすことではなく、不適応状態を解消し、特性を自分の一部として折り合いをつけ、適度な自尊心の形成と、適応性の高いパーソナリティを醸成していくことが長期的な目標となります。

有病率は学齢期には7.2％、成人期には約2.5％とも言われていますが、診断されるかどうかは周囲の文化や環境によって大きく左右されるため、地域や国

によって有病率はさまざまです。

　前述のような発達特性をもつ児童に対して、一般的な医療機関が通常の保険診療の範囲で果たせる役割は限られており、診断、診断書等の文書発行、治療薬の処方、短時間での手短な生活上のアドバイスが中心となります。特性をもつ児童生徒の健やかな成長を促すためには、実際には長時間を過ごす家庭や学校の果たす役割が極めて大きいと言えます。医療機関で果たせる機能は最大限活用しつつ、家庭と学校が連携し、さまざまな発達特性をもつ児童生徒の個性を尊重する雰囲気を醸成することが、未来の担い手である児童生徒たちがニューロダイバーシティの肌感覚を身につけていくことにつながり、ひいては障害の社会的バリアの取り払われた、多様な人々にとって望ましい社会を形作ることにつながるのではないかと期待してやみません。

２．神経症性障害、ストレス関連障害及び身体表現性障害

　このカテゴリーに含まれる疾患としては、恐怖症性不安障害、パニック障害、強迫性障害、適応障害、心的外傷後ストレス障害、解離性障害、身体表現性障害などが含まれますが、なかでも比較的頻度の高い疾患に焦点をあてて概説します。

（１）社会（社交）恐怖（症）

　人前で注目される事態に対する恐怖心が著しく高い疾患であり、そういった場面を回避することも多くみられます。注目を浴びる場面として、学校では授業中などに発表することやクラスメートの見守るなかで体育の実技を評価されるような場面が想定され、こういった不安障害を抱える児童生徒にとっては不登校のきっかけとなることもあります。

（２）身体表現性障害

　身体的な検査では特に異常所見が見つからないにもかかわらず、身体症状を訴える疾患です。一般的にはそれらの症状の身体的な原因が見つからないにもかかわらず、心因性であるという解釈には強く抵抗をしめすことが特徴的であり、精神科心療内科よりも一般身体科に受診することが多く、ドクターショッピングを繰り返すこともしばしばみられます。児童期においては、腹痛や頭痛、

倦怠感、悪心などの訴えが続くことが多く、病気についての心配はあまりみられません。親の症状に対する心配の程度によって、学校を休むかどうか、医療機関を受診するかどうかが左右されやすい傾向があります。実際に未発見の身体疾患の存在を完全に否定することは困難であり、また、身体的な症状が心の問題であると決めつける態度は信頼関係にひびを入れる結果になることが多く、注意が必要です。

（3）適応障害

さまざまな心理社会的ストレス因を明らかな契機として、反応性に情動や認知、行動の側面にさまざまな症状が現れ、生活、学業、職業に適応不全の状態が一定期間持続し、ストレス因がなくなるかその影響が小さくなれば軽快するといったストレス関連性障害です。精神科臨床で最も多く遭遇する診断名が適応障害であり、学齢期に関しても同様のことが言えると思います。ストレス因がなくなれば軽快するのが特徴であるため、ストレス因となりうる生活状況に応じて環境調整を行うことが重要です。医療機関と家庭、学校とが連携し、問題解決に向けて務めることが必要となることがあります。

3．統合失調症

幻覚（最も多いのは幻聴）や妄想（外部の誰かが自分の思考や行動を制御している等の信念）からなる陽性症状、感情の鈍麻、思考や会話の貧困、自発性減退、社会的ひきこもりといった陰性症状を呈する疾患です。120人にひとりが罹患する疾患であり、発症年齢は15歳から35歳が中心です。発症に性差は認められませんが、発症年齢は男性のほうが女性よりも若い傾向があります。精神科医療における研究の歴史は古く、膨大な数の研究が行われてきましたが、病因についてはいまだに明らかにはなっていません。治療薬の進歩により、約半数のケースが完全にあるいは軽度の障害を残して回復します。若年発症であることや、未治療期間が長いことは、その後の悪い予後を予測する要因であるため、頻度は高くないとはいえ、児童生徒にその兆候がみられたら医療にできるだけ早くつなぐことが望ましい疾患であると言えます。

第4節　精神疾患に環境が与える影響

　学齢期の児童生徒にとって、生活環境は養育者や教育者によって形作られ、そこから逃れ自立して生活していくことは不可能に近く、児童生徒の精神状態にとって環境の影響はとても重要であることを認識しておく必要があると言えます。学校での不適応や問題行動の原因を、個人的な精神疾患として医療の問題であると結論づけて思考停止に陥ってしまえば、環境をより望ましいものに改善していくという視点が失われてしまいがちです。児童生徒を取り巻く大人たちが、彼らの心身の健やかな発達に関心を寄せ、互いに手を取りあい、支えあうような関係性を構築していけると、大人たちのなかに安心感が醸成され、それが児童生徒にも伝播して多くの場合問題は改善に向かっていく印象があります。児童生徒の健やかな育ちを支えていくために、気軽に連携をとれる枠組みをいかに構築していくか、医療、教育双方からよりよい方法を模索していくことが重要だと感じます。スクールソーシャルワーカーは、教育現場と医療や外部機関とをつなげる専門職ですので、チームの一員として積極的にかかわっていくことが期待されます。

第5節　精神疾患が疑われる児童生徒とどうかかわるか

　前述の精神疾患の項でも言及しましたが、精神疾患のなかには、精神的な問題であることを認めたくないという心理が強く働く疾患がしばしばあり、「あなたには精神的な問題があるので、精神科を受診してはどうですか？」というアドバイスがかえって本人との信頼関係にひびを入れる結果になる場合が少なからずあり、精神科受診にどうつなぐかということは意外とデリケートな問題である場合が多いです。臨床現場では、幼児期や小学校低学年までは母親主導での受診に特に疑問や抵抗をもたずにやってくる児童生徒が多いのですが、小学校高学年から中学生にもなると、自我の芽生えもあり、親や教師は受診させたいけれども、本人は受診したくない、といったケースが大半といった印象もあります。本人の受診意欲が高くないのに無理に精神科受診をしたとしても、

継続的な治療には結びつかないこともしばしばです。また、1回の診療で問題がきれいさっぱり解決することはまれなため、信頼関係を構築する努力を重ね、粘り強くよりよい方向への成長を促すことができると信じながら数年がかりでかかわり続けるといった、泥臭い努力を続けるというのが実情であり、そのなかで学校と連携が必要な場合も多々あります。

　精神疾患を疑う場合であっても、ひとまずひとりの人間として互いの敬意を失わないよう心がけ、つねに私たち大人側が児童生徒の心理に与える影響にも敏感でありたいものです。

> ▶▶ **ディスカッショントピック**
>
> 　あなたが担任として受け持っている中学2年生Aさんは、学校の中では優等生で、部活や学習、委員会活動など何事も積極的に取り組む生徒です。あるときから、急激にやせが目立ち始めたことに気付きましたが、Aさんはこれまで以上に活発に活動していて、「大丈夫です。」というばかりです。身体測定のときに体重が35kgであることがわかりました。あなたは担任教諭としてどのように働きかけますか？

【引　用　文　献】

American Psychiatric Association (APA). 髙橋三郎・大野裕（監訳）(2023) DSM-5-TR 精神疾患の診断・統計マニュアル. 医学書院.

厚生労働省（2023）令和2年患者調査確定数　閲覧第118表　総患者数, 性・年齢階級（5歳）×傷病中分類別.

小俣和一郎（2020）精神医学の近現代史―歴史の潮流を読み解く―. 誠信書房.

尾崎紀夫・三村將（監修）(2024) 標準精神医学第9版. 医学書院.

Sadock, B. J., Sadock, V. A., Ruiz, P.〔著〕井上令一（監修）四宮滋子・田宮聡（監訳）(2016) カプラン臨床精神医学テキスト第3版―DSM-5診断基準の臨床への展開―. メディカル・サイエンス・インターナショナル.

World Health Organization (WHO) (1992) *The ICD-10 classification of mental and behavioural disorders: Clinical descriptions and diagnostic guidelines.* 融道男・中根允文・小見山実・岡崎祐士・大久保善朗（監訳）(2022) ICD-10精神および行動の障害―臨床記述と診断ガイドライン―新訂版. 医学書院.

Part 2
具体的問題への対応

7 不登校の理解と支援

8 いじめ問題の理解と支援

9 自殺予防と SOS の出し方に関する教育

10 児童福祉領域との連携

11 性の多様性のとらえ方

12 児童生徒の性暴力の防止

Chapter 7
 不登校の理解と支援

> 近年、不登校の児童生徒数は増加の一途をたどっています。今や、どの学年、どのクラスにも、不登校の児童生徒がひとり以上いてもおかしくないような状況です。皆さんが担任を受け持ったクラスにもし不登校の児童生徒がいる、また途中から不登校になった場合、どのように感じるでしょうか？ きっとさまざまに原因や支援策を模索し、何とか学校復帰できるように努めたいと思うはずです。では、そのことが果たして「正しい」のか、または「間違っている」のか。この章の学習を通じて考えていただきたいと思います。

▼▲ 第1節　不登校の実態 ▲▼

　文部科学省は現在、不登校児童生徒について「何らかの心理的、情緒的、身体的あるいは社会的要因・背景により、登校しないあるいはしたくともできない状況にあるために年間30日以上欠席した者のうち、病気や経済的な理由による者を除いたもの」と定義しています。まず、調査結果による統計的な観点からみた不登校の実態について触れていきます。

1．国の調査結果から

　文部科学省は、「児童生徒の問題行動・不登校等生徒指導上の諸課題に関する調査結果」として、全国の学校における不登校等の諸課題に関する調査結果を、毎年秋頃に公表しています。新型コロナウイルス感染症が拡大した令和2年以降、それまで以上に不登校児童生徒数は増加しました。

　ここからは令和4年度の統計（文部科学省，2023a）からいくつかの結果を抜粋してみていきます。データはすべて公表されていますので、できれば自分でも調べてみましょう。

　まず、小中学校を合わせた不登校児童生徒数は計299,048人（約30万人）であ

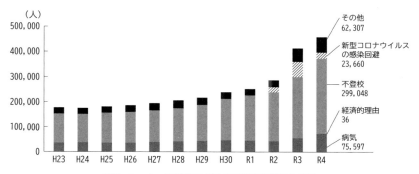

図7-1　小・中学校における長期欠席者数の推移

ったと報告されており、こうした数字はニュース等でもたびたび報じられています。ただ、図7-1にあるように、「病気」「経済的理由」「新型コロナウイルスの感染回避」「その他」を含めたすべての長期欠席児童生徒数は460,648人に上っており、年間30日以上実際に学校に行けていない人数はもっと多いことがわかります。特に、新型コロナウイルス感染回避による欠席措置は令和4年度までで撤廃されましたので、翌年以降の統計が発表されたらその動向をご確認ください。一方、同年度の小中学校・義務教育学校在籍児童生徒数全体（9,424,324人；文部科学省，2023b）に対する割合でみると、長期欠席児童生徒全体では4.89％、不登校に限ると3.17％です。この数字をみると、意外に"少ない"と思う人も多いのではないでしょうか。この、多いとか少ないとかいう感覚は、不登校児童生徒をどう理解するかに大きく影響すると筆者は考えています。これについては改めて触れます。

　さて、次に学年別の不登校児童生徒数をみると、図7-2のとおりとなっています。過去2年間と比べてどの学年でも増加しており、中学1年で全体数が急増していますが、特に小学校高学年から増加率が高まっていることに注目しておく必要があります。次に、欠席期間別人数の推移（図7-3）をみると、令和4年度は欠席90日以上の割合が小中学校合計で55.4％に上っています。学習指導要領では年間の授業日数は約35週で考えられていますので、おおよそ毎週1日以上欠席すれば年間30日を越えてくることになりますが、このデータをみると、児童生徒の多くが年度の当初、もしくは早い段階から不登校状態にある

第7章　不登校の理解と支援

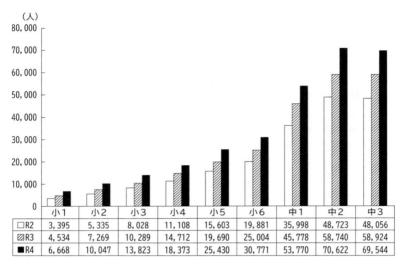

図7-2　学年別不登校児童生徒数

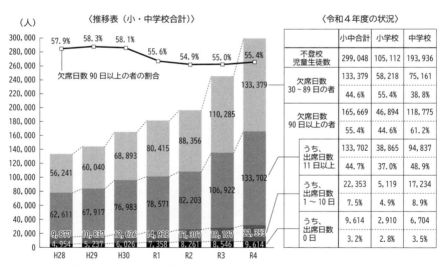

※パーセンテージは、各区分における不登校児童生徒数に対する割合。
※出席日数については、学校に登校した日数であり、例えば自宅において ICT 等を活用した学習活動を指導要録上出席扱いとした場合など、出席扱いとした日数は含まない。

図7-3　不登校児童生徒の欠席期間別人数

表7-1　不登校の要因 (令和4年度)

	不登校児童生徒数	学校に係る状況								家庭に係る状況			本人に係る状況			左記に該当なし
		いじめ	いじめを除く友人関係をめぐる問題	教職員との関係をめぐる問題	学業の不振	進路に係る不安	クラブ活動、部活動等への不適応	学校のきまり等をめぐる問題	入学、転編入学、進級時の不適応	家庭の生活環境の急激な変化	親子の関わり方	家庭内の不和	生活リズムの乱れ、あそび、非行	無気力、不安		
小学校	105,112	318	6,912	1,901	3,376	277	30	786	1,914	3,379	12,746	1,599	13,209	53,472		5,193
		0.3%	6.6%	1.8%	3.2%	0.3%	0.0%	0.7%	1.8%	3.2%	12.1%	1.5%	12.6%	50.9%		4.9%
中学校	193,936	356	20,598	1,706	11,169	1,837	839	1,315	7,389	4,343	9,441	3,232	20,790	101,300		9,621
		0.2%	10.6%	0.9%	5.8%	0.9%	0.4%	0.7%	3.8%	2.2%	4.9%	1.7%	10.7%	52.2%		5.0%
合計	299,048	674	27,510	3,607	14,545	2,114	869	2,101	9,303	7,722	22,187	4,831	33,999	154,772		14,814
		0.2%	9.2%	1.2%	4.9%	0.7%	0.3%	0.7%	3.1%	2.6%	7.4%	1.6%	11.4%	51.8%		5.0%

※「長期欠席者の状況」で「不登校」と回答した児童生徒全員につき、主たる要因一つを選択。
※下段は、不登校児童生徒数に対する割合

ことを示唆しています。

　次に、不登校の要因として表7-1を示します。これをみると、最も多い要因は小中学校合計では「本人に係る状況」の「無気力、不安（51.8％）」、続いて「生活リズムの乱れ、あそび、非行（11.4％）」が多くなっています。小中学校別にみると、小学校は「家庭に係る状況」の「親子の関わり方（12.1％）」が多く、中学校では「学校に係る状況」の「いじめを除く友人関係をめぐる問題（10.6％）」が多くなっています。ただし、この調査結果は各学校で集計されたものであり、教師によって分類されているということに留意しておく必要があります。例えば「無気力、不安」は、対応している教師による評価（なかには保護者等の評価が入っている可能性もありますが）の結果になります。そして、「学校に係る状況」については、中学校の「いじめを除く友人関係をめぐる問題」がかろうじて10％を越えている以外は、いずれも低い比率にとどまっており、あまりこれらが要因であるという評価はなされていません。そもそも、これはあくまで「要因」であって「原因」ではありません。例えば、ある不登校の児童生徒の要因として、教師からみて「無気力」ないし「不安」があるとは考えられるが、それ以上のことはわからないし、それがなぜなのかもわからない、ということです。そのため、その当事者たちの実態を、教師側のみの評価から知ることには限界があるのではないかと思われ、データの読み取りには注意を要

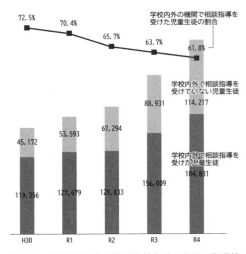

図7-4 不登校児童生徒が学校内外で相談・指導等を受けた状況（人）

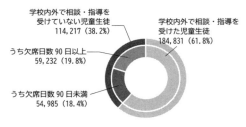

図7-5 学校内外の機関等で相談・指導等を受けていない不登校児童生徒（※）のうち、90日以上の者（人）（令和4年度）

する必要があると考えられます。

次に、不登校児童生徒が学校内外で相談・指導を受けた状況（図7-4）をみると、年々相談・指導を受けた児童生徒数は増加していることがわかります。しかし、それ以上に不登校児童生徒数そのものが増加しているために、相談・指導を受けられていない児童生徒数の人数も増加し、全体として相談・指導を受けた割合が減少しています。かつ、令和4年度の欠席日数90日以上の児童生徒のうちどこからも相談・指導を受けていない割合は、19.8％に上っています（図7-5）。これは、学校現場の対応が年々追いつかなくなっている可能性を示唆していると言わざるを得ません。

しかし最後に、令和3年度（文部科学省，2022）と4年度の不登校児童生徒への指導結果（表7-2）をみておきます。「指導の結果登校する又はできるようになった児童生徒」の割合は、令和3年度では国公私立合計で27.8％（小学校27.1％、中学校28.1％）であったのに対し、令和4年度では同27.2％（小学校27.6％、中学校27.0％）となっています。つまり、1年間で不登校児童生徒数が5万人以上増加しているにもかかわらず、再登校者の割合はほぼ同水準で維持されていることがわかります。このことも合わせると、学校では決して教師の対応が不十分もしくは追いつかないということではないものの、一部の深刻な児童生徒に対するアプローチは難しくなっていると考えられます。そして全

表7-2　不登校児童生徒への指導結果状況

		〈2021（令和3）年度〉						〈2022（令和4）年度〉					
		小学校	小学校	中学校	中学校	計	計	小学校	小学校	中学校	中学校	計	計
		人数（人）	構成比（％）	人数（人）	構成比（％）	人数（人）	構成比（％）	人数（人）	構成比（％）	人数（人）	構成比（％）	人数（人）	構成比（％）
国立	不登校児童生徒数	206	***	644	***	850	***	257	***	871	***	1,128	***
国立	指導の結果登校する又はできるようになった児童生徒	70	34.0	215	33.4	285	33.5	97	37.7	292	33.5	389	34.5
国立	指導中の児童生徒	136	66.0	429	66.6	565	66.5	160	62.3	579	66.5	739	65.5
公立	不登校児童生徒数	80,825	***	157,019	***	237,844	***	104,265	***	185,810	***	290,075	***
公立	指導の結果登校する又はできるようになった児童生徒	21,888	27.1	44,092	28.1	65,980	27.7	28,691	27.5	50,171	27.0	78,862	27.2
公立	指導中の児童生徒	58,937	72.9	112,927	71.9	171,864	72.3	75,574	72.5	135,639	73.0	211,213	72.8
私立	不登校児童生徒数	467	***	5,779	***	6,246	***	590	***	7,255	***	7,845	***
私立	指導の結果登校する又はできるようになった児童生徒	161	34.5	1,618	28.0	1,779	28.5	220	37.3	1,904	26.2	2,124	27.1
私立	指導中の児童生徒	306	65.5	4,161	72.0	4,467	71.5	370	62.7	5,351	73.8	5,721	72.9
計	不登校児童生徒数	81,498	***	163,442	***	244,940	***	105,112	***	193,936	***	299,048	***
計	指導の結果登校する又はできるようになった児童生徒	22,119	27.1	45,925	28.1	68,044	27.8	29,008	27.6	52,367	27.0	81,375	27.2
計	指導中の児童生徒	59,379	72.9	117,517	71.9	176,896	72.2	76,104	72.4	141,569	73.0	217,673	72.8

（注）構成比は、各区分における不登校児童生徒数に対する割合。

体数が増加しているために、不登校の深刻度の二極化が進行しているのではないでしょうか。少なくとも、不登校の原因については、実態はつかみきれていないと言わざるを得ません。

　文部科学省（2021）も当該児童生徒及び保護者へ直接質問する形での実態調査を行っていますが、そのきっかけは多岐にわたること、児童生徒はさまざまな不安を抱えていること、欠席していた期間の意識のとらえ方がそれぞれに異なることなどが示された、としています。しかし、この「つかめない」という

ことが、もはやひとつの実態であろうとも考えられます。それだけ不登校を取り巻く背景は多様であり、ひとくくりにはできないものなのだと考えるべきで、そのことを前提に支援策を講じる必要があるでしょう。

2．民間団体による調査結果から

　先ほども指摘したように、学校側だけで実態を理解することには限界があるということを、民間団体も問題意識をもち、独自に調査が行われてきました。ここではその調査結果の概要を紹介します。

　例えば、日本財団（2018）は、現中学生・中学卒業後〜22歳の当事者6,500人を対象に、①顕在化していない「学校に馴染んでいない子ども」を「不登校傾向にある子ども」とし、そのボリュームを把握すること、②子どもが学校に馴

表7-3　不登校傾向の生徒の定義と推計人数

①-1	不登校	学校に行っていない状態が一定期間以上ある 【主な特徴】年間30日以上（文科省定義内）学校に行っていない	30日以上欠席	10万人
①-2		学校に行っていない状態が一定期間以上ある 【主な特徴】1週間以上連続（文科省定義外）など一定程度学校に行っていない	1週間以上連続欠席	
②	教室外登校	学校の校門・保健室・校長室等には行くが、教室には行かない 【主な特徴】保健室登校、図書室登校、校長室登校、校門登校など 頻度：「月2〜3回以上、もしくは1週間続けて」	学校内で行動表出	33万人
③	部分登校	基本的には教室で過ごすが、授業に参加する時間が少ない 【主な特徴】給食登校 遅刻や早退が多い。頻度：「1ヵ月に5日以上」 1日に何度か、一時的に保健室などで過ごす		
④	仮面登校A 授業不参加型	基本的には教室で過ごすが、皆とは違うことをしがちであり、授業に参加する時間が少ない 【主な特徴】授業がつまらない、または授業内容とは別に追求したい・学びたいことがある 頻度：「月2〜3回以上、または1週間続けて」		
⑤	仮面登校B 授業参加型	基本的には教室で過ごし、皆と同じことをしているが、心の中では学校に通いたくない・学校が辛い・嫌だと感じている 【主な特徴】行動表出なし。頻度：「毎日」	学校内で行動非表出	
⑥	登校	学校に馴染んでいる		

染まなくなる原因・背景を子どもの本音として集めること、を目的として調査を行っています。具体的には、年間30日に至っていないが一定期間欠席している生徒（表7-3①-2）から、基本的に教室で過ごしているが心の中では学校に通いたくない・嫌だと感じている生徒（表7-3⑤：仮面登校B授業参加型）までを、

表7-4　学校に行きたくない理由 TOP10（数字は％）

	⑥ ①〜⑤非該当	①-1 1年間に合計30日以上、学校を休んだことがある／休んでいる	①-2 1週間以上連続で、学校を休んだことがある／休んでいる	②〜④ いずれか選択	⑤ 基本的には教室で過ごし皆と同じことをしているが、心の中では学校に通いたくない・学校が辛い・嫌だと感じている
1位	疲れる（25.7）	**朝、起きられない（59.5）**	疲れる（38.2）	疲れる（44.0）	疲れる（48.7）
2位	朝、起きられない（19.2）	**疲れる（58.2）**	朝、起きられない（32.6）	朝、起きられない（35.6）	朝、起きられない（32.2）
3位	テストを受けたくない（16.0）	**学校に行こうとすると、体調が悪くなる（52.9）**	自分でもよくわからない（31.0）	授業がよくわからない・ついていけない（33.3）	学校に行く意味がわからない（31.9）
4位	自分でもよくわからない（15.0）	**授業がよくわからない・ついていけない（49.9）**	友だちとうまくいかない（30.1）	友だちとうまくいかない（28.5）	学校は居心地が悪い（28.4）
5位	小学校の時と比べて、良い成績が取れない（13.0）	**学校は居心地が悪い（46.1）**	授業がよくわからない・ついていけない（29.2）	小学校の時と比べて、良い成績が取れない（27.1）	テストを受けたくない（28.2）
6位	部活がハード（11.8）	友だちとうまくいかない（46.1）	小学校の時と比べて、良い成績が取れない（28.9）	テストを受けたくない（27.0）	小学校の時と比べて、良い成績が取れない（27.8）
7位	授業がよくわからない・ついていけない（11.6）	**自分でもよくわからない（44.0）**	学校に行こうとすると、体調が悪くなる（28.1）	先生とうまくいかない／頼れない（26.1）	授業がよくわからない・ついていけない（27.3）
8位	友だちとうまくいかない（10.1）	**学校に行く意味がわからない（42.9）**	学校は居心地が悪い（24.5）	学校は居心地が悪い（25.9）	先生とうまくいかない／頼れない（26.1）
9位	校則など学校の決まりが嫌だ（7.1）	**先生とうまくいかない／頼れない（38.0）**	先生とうまくいかない／頼れない（23.4）	校則など学校の決まりが嫌だ（22.5）	小学校の時と比べて、つまらない（25.0）
10位	小学校の時と比べて、つまらない（6.7）	**小学校の時と比べて、良い成績が取れない（33.9）**	テストを受けたくない（23.2）	小学校の時と比べて、つまらない（21.8）	友だちとうまくいかない（24.1）

太字は「①〜⑤非該当」と比べて20pt以上高い項目、網かけは学業に関する項目

幅広く「不登校傾向の生徒」ととらえて分析しています。その結果、当時の文部科学省が発表した不登校生徒数約10万人に、この調査で推計した不登校生徒数が同水準であったことを確認したうえで、さらに「不登校傾向」にある中学生が、全中学生数の10.2%にあたる推計約33万人に上ったことを明らかにしています。これは不登校生徒数の約3倍、全中学生の約10人に1人という割合です。さらに、小学校時代の方が1週間以上連続で休んだことがある回答の割合が高かったり、「疲れる」などの身体的症状以外の要因では、すべての群で「授業がよくわからない」「よい成績がとれない」など、学業に関する理由が上位に挙げられる（表7-4）といった結果を示しています。

この調査が示した国の調査との違いは、大きく2つです。1つ目は、不登校の数に不登校傾向の生徒を考慮するとその数は40万人に上る可能性があること、そして2つ目は、学業不振に関する要因が大きい可能性があることです。

また、ほぼ同時期の2019年5月にNHKが中学生18,000人を対象とした調査を実施し、不登校傾向群を想定したうえで、その数は全中学生の23.6%に上ったことを示しています。また、不登校の要因として「いじめ」や「教師との関係」について回答する割合も高かったとのことです。

これらの調査結果が示すのは、国による実態把握や学校が主となった回答結果とは、実態の理解に乖離があったということです。

3．不登校の要因分析に関する調査研究結果から

上記のような問題の指摘を受け、子どもの発達科学研究所（2024）は文部科学省の委託事業として、不登校の要因分析に関する調査研究を実施しています。その目的は、①教師、児童生徒本人、保護者の回答を比較すること、②要因が「無気力・不安」とされた児童生徒の詳細を把握すること、③学内外で相談・指導等を受けていない児童生徒の実態を把握すること、でした。

まず不登校の関連要因についての三者の比較からは、「いじめ被害」、「教職員への反抗・反発」、「教職員からの叱責」などについて教師と児童生徒・保護者の回答割合に違いがみられています。また、「体調不良」、「不安・抑うつ」、「居眠り、朝起きられない、夜眠れない」といった心身不調・生活リズム不調

（1）不登校の関連要因について

【いじめ被害及び友達とのトラブルの予防】　児童生徒回答では、不登校の児童生徒の26.2％がいじめ被害を訴えている（不登校でない児童生徒は15.0％）。また、不登校の児童生徒で「いじめ以外の友人関係のトラブル」を訴えている者は24.8％（不登校でない児童生徒は16.6％）であり、友人関係の問題は不登校のリスクが増えると考えられる。いじめや友人関係トラブルが起きにくい集団作り、対人スキルを学ぶ機会の提供が重要であり、集団に馴染めず、孤立している児童生徒に対して早期に支援することが不登校の予防として必要である。

【教師の行動、学校風土の改善】　児童生徒回答において、不登校の児童生徒は「先生から厳しく怒られた・体罰」が16.7％（不登校でない児童生徒は7.5％）、「先生と合わなかった」が35.9％（不登校でない児童生徒は14.3％）であり、教師の態度や指導方法が不登校の要因になっている可能性がある。また、児童生徒回答・教師回答ともに、「学校のきまり（制服・給食 行事等への不適応）」が不登校と関連している（オッズ比：児童生徒3.94、教師20.40）。こうした学校のルール設定、活動の設定、教師の態度や指導方法は、学校風土を形作る要素であり、学校風土の向上は不登校の予防につながるものであり、COCOLOプランで述べられている学校風土の見える化、校則等の見直しの推進、快適で温かみのある学校としての環境整備などが必要である。

【授業改善、学習支援の充実】　「学業の不振」「宿題の提出」に、教師・児童生徒・保護者の三者でほぼ一致して回答割合が高かった。不登校児童生徒回答では、不登校の児童生徒の47.0％が「授業がわからない」、37.9％が「成績が下がった」、50.0％が「宿題ができない」と回答している。加えて、不登校でない児童生徒についても成績が下がったと感じている児童生徒が多く、授業改善や学習支援の充実は不可欠であろう。

【児童生徒の体調、メンタルヘルス、生活リズムへの注目】　児童生徒回答では、「からだの不調」「気持ちの落ち込み・いらいら」「夜眠れない・朝起きられない」といった不調や、メンタルヘルス、生活リズムの不調が、それぞれ不登校児童生徒の7割前後に見られた。一方、それらが2割未満であった教師回答から考えると、教師には児童生徒の不調を正確に捉えることは難しいかもしれない。よって、デジタル端末の活用など、児童生徒の不調に早期に気づく仕組みが必要である。ただし、デジタル端末等を利用した児童生徒の心や体調の変化に気づく仕組みは、それを活用する教師の知識と支援体制が伴わなければならない。

【背景要因へのアプローチ】　教師回答によると、発達特性、障がい、家庭の困難さなどが不登校と関連することが明らかになった。これらは、合理的配慮、特別支援教育をはじめとする、長時間の継続的支援が必要なものである。こうした要因をもつ児童生徒が多く不登校になっているため、今の学校、地域における特別支援教育の在り方、支援システムの構築、保護者への支援について検討が必要であろう。

（2）無気力・不安群について

教師回答から、教師が把握可能な要因が明らかでない場合に「無気力・不安」を主たる要因として報告されている可能性が示唆された。

一方で、教師回答による「不安・抑うつの訴え」や児童生徒回答による「気持ちの落ち込み・いらいら」の割合は「無気力・不安」群とそれ以外の群で変わらず、メンタルヘルスの問題の有無によって分けられている訳ではないことが示唆された。

（3）相談・指導等を受けていないと報告された不登校の児童生徒の状況

相談・指導等を受けていないと報告された児童生徒は、受けたと報告された児童生徒と比較して、「学業不振」や「宿題の問題」が多くみられた。学業不振等があって不登校になっている児童生徒の中には、勉強が分かったり、宿題をうまくこなせたりすることで再登校が可能になる場合もあると考えられるため、不登校時の相談・指導は非常に重要であろう。

また、相談・指導等を受けていないと報告された児童生徒は「要対協・要保護」「ひとり親・共働き」といった家庭的な背景要因をもつ割合が高く、相談・指導が届きにくい可能性があり、注意が必要である。

図7-6　調査結果に基づく不登校支援の方向性への提言

についても、大きな乖離があったとのことです。次に無気力・不安群については、象徴的なきっかけ要因がない場合に教師からは「無気力・不安」が回答されやすい可能性が示唆されています。そして、学内外で相談・指導等を受けていない児童生徒は、受けた児童生徒と比べて「学業不振」や「宿題」の問題が多くみられたとのことです。一方、背景要因として「発達障がいの診断・疑い」や「感覚の過敏さ」等をもつ場合に相談・指導等につながりやすい可能性、また「要対協*・要保護」や「ひとり親・共働き」といった家庭的な背景要因は相談・指導が届きにくい可能性も示唆されました。これらの結果から、不登校支援の方向性への提言として、まず不登校の関連要因については、いじめ被害及び友だちとのトラブルの予防、教師の行動や学校風土の改善、授業改善や学習支援の充実といった内容が盛り込まれています。また、無気力・不安群については、メンタルヘルスの問題の有無にかかわらず教師が把握可能な要因が

明らかでない場合に分類されている可能性が示唆されました。そして、相談・指導等を受けていない児童生徒については、学業不振・宿題の問題が顕在化していることから学習面の支援が重要であること、また家庭的背景への注意が示唆されています（図7-6）。

　この結果が示したのは、端的に言えば、やはり教師からは不登校になる要因がわかりづらいということでした。ただし、教師側に行動の変化や学級・学校風土の改善、学習支援の充実といった内容を求めており、これは日頃から児童生徒が安心して学校に通える体制が求められていると言えます。また、本人や保護者等との日頃からの円滑なコミュニケーションも重要であろうと考えられます。しかし、これらは教師個人の努力の問題ではなく、立場の限界や構造的な問題もあると考えられます。個人の取り組みには限界があり、学校組織全体で取り組んでいく必要があります。

　なお、本委託調査の結果を踏まえ、文部科学省は全国調査の方法を見直すとのことです。具体的には、これまで不登校の主な要因を「いじめ」「無気力、不安」などの項目から、学校側の認識に基づきひとつ選んでいた方法を、今後は「いじめの相談があった」「宿題の未提出がみられた」「不安・抑うつの相談があった」など、背景にある事実をもとに複数回答で答える方法にするということです。児童生徒への実効的な支援策を講じることができるよう、実態がより的確に把握できるようになることを願うばかりです。

▼▲　第2節　不登校児童生徒への支援　▲▼

　では、不登校児童生徒にとって、どのような支援策が必要であり、また有効なのでしょうか。それについて考えるために、ここでは国の政策やこれまでの研究者による知見、また大学による取り組みについてみていきます。

1．COCOLOプラン

　文部科学省（2023c）は、誰一人取り残されない学びの保障に向けた不登校対策として「COCOLOプラン」を発表しています（図7-7）。その柱は、不登校

誰一人取り残されない学びの保障に向けた不登校対策「COCOLOプラン」（概要） ※Comfortable, Customized and Optimized Locations of learning
○小・中・高の不登校が約30万人に急増。90日以上の不登校であるにもかかわらず、学校内外の専門機関等で相談・指導等を受けられていない小・中学生が4.6万人に。 ⇒不登校により学びにアクセスできない子供たちをゼロにすることを目指し、 　1．不登校の児童生徒全ての学びの場を確保し、学びたいと思った時に学べる環境を整える 　2．心の小さなSOSを見逃さず、「チーム学校」で支援する 　3．学校の風土の「見える化」を通じて、学校を「みんなが安心して学べる」場所にする ことにより、誰一人取り残されない学びの保障を社会全体で実現するためのプランを、文部科学大臣の下、とりまとめ。 ○今後、こども政策の司令塔であるこども家庭府等とも連携しつつ、今すぐできる取組から、直ちに実行。また、文部科学大臣を本部長とする「誰一人取り残されない学びの保障に向けた不登校対策推進本部」を、こども家庭庁の参画も得ながら、文部科学省に設置。進捗状況を管理しつつ取組を不断に改善。

主な取組	
1．不登校の児童生徒全ての学びの場を確保し、学びたいと思った時に学べる環境を整える 　仮に不登校になったとしても、小・中・高等を通じて、学びたいと思った時に多様な学びにつながることができるよう、個々のニーズに応じた受け皿を整備。 ○不登校特例校の設置促進（早期に全ての都道府県・指定都市に、将来的には分教室型も含め全国300校設置を目指し、設置事例や支援内容等を全国に提示。「不登校特例校」の名称について、関係者に意見を募り、より子供たちの目線に立ったものへ改称） ○校内教育支援センター（スペシャルサポートルーム）の設置促進（落ち着いた空間で学習・生活できる環境を学校内に設置） ○教育支援センターの機能強化（業務委託等を通して、NPOやフリースクール等との連携を強化。オンラインや欠席日数による広域支援。メタバースの活用について、実践事例を踏まえ研究） ○高等学校等における柔軟で質の高い学びの保障（不登校の生徒も学びを続けて卒業することができるような学び方を可能に） ○多様な学びの場、居場所の確保（こども家庭庁とも連携。学校・教育委員会等とNPO・フリースクールの連携強化。夜間中学や公民館・図書館等も活用。自宅等での学習を成績に反映）	2．心の小さなSOSを見逃さず、「チーム学校」で支援する 　不登校になる前に、「チーム学校」による支援を実施するため1人1台端末を活用し、小さなSOSに早期に気付くことができるようにするとともに、不登校の保護者にも支援。 ○1人1台端末を活用し、心や体調の変化の早期発見を推進（健康観察にICT活用） ○「チーム学校」による早期支援（教師やスクールカウンセラー、スクールソーシャルワーカー、養護教諭等が専門性を発揮して連携。こども家庭庁とも連携しつつ、福祉部局と教育委員会の連携を強化） ○一人で悩みを抱え込まないよう保護者を支援（相談窓口整備。スクールカウンセラーやスクールソーシャルワーカーが保護者を支援） 3．学校の風土の「見える化」を通して、学校を「みんなが安心して学べる」場所にする 　学校の風土と欠席日数には関連を示すデータあり。学校の風土を「見える化」して、関係者が共通認識を持って取り組めるようにし学校を安心して学べる場所に。 ○学校風土を「見える化」（風土等を把握するためのツールを整理し、全国へ提示） ○学校で過ごす時間の中で最も長い「授業」を改善（子供たちの特性にあった柔軟な学びを実現） ○いじめ等の問題行動に対する毅然とした対応の徹底 ○児童生徒が主体的に参画した校則等の見直しの推進 ○快適で温かみのある学校環境整備 ○学校を、障害や国籍言語等の違いに関わらず、共生社会を学ぶ場に

実効性を高める取組
○エビデンスに基づきケースに応じた対応を可能にするための調査の実施（一人一人の児童生徒が不登校となった要因や、学びの状況等を分析・把握） ○学校における働き方改革の推進　○文部科学大臣を本部長とする「誰一人取り残されない学びの保障に向けた不登校対策推進本部」の設置

図7-7　COCOLOプランの概要

であっても学びたいと思ったときに学べる環境を整える（不登校特例校の設置促進や校内教育支援センターの設置促進、教育支援センターの機能強化など）、「チーム学校」で心のSOSを見逃さない（1人1台端末の活用、スクールカウンセラーやスクールソーシャルワーカー、養護教諭といった専門職を含めたチーム学校での早期支援など）、学校を安心して学べる場所にする（学校の風土を「見える化」、授業の改善、快適で温かみのある学校環境整備など）の3本です。

　どれも必要かつ重要な取り組みであると考えられますが、環境づくりという側面では、筆者は特に「校内教育支援センター（スペシャルサポートルーム）の設置促進」に注目・期待しています。実は先の子どもの発達科学研究所（2024）

の調査結果の一部にもあったのですが、すでに学校内に別室登校できる環境の整備は、学校として不登校児童生徒へ積極的に実施している対応のひとつであり、保護者もそうした取り組みを肯定的に受け止めています。地域の教育支援センターは学校外の組織であることから、学校はどうしてもその実態を把握しづらく、その結果当事者への情報提供も限られているようです。また、利用するのに人的・時間的・空間的資源の制約が多いのも現実です。それよりは、学校内に教室以外の別室として過ごせる場所が充実すれば、不登校傾向にある児童生徒を含め、登校のハードルを下げやすくするのではないかと考えます。もちろん、そうした部屋の設置や使用にあたっては適切なルールを定めたり、常駐する職員が配置されることも必要でしょう。また、教師間でその部屋をどのように利用するかについての共通認識を図っておくことも重要であろうと思われます。

　加えて、チーム学校の意識を高めることと学校が安心して学べる場所を目指していくことは、同時的に進めていくべきです。不登校の課題に限らず、教師が教師以外の援助専門職と協働してさまざまな課題に取り組んでいくことにより、学校が開放的になっていくことにつながり、多様な価値観を許容する雰囲気が醸成されやすくなります。そのことは、学校自体の安心感を高めていくことに貢献するはずです。近年、コミュニティスクールの導入も推奨されていますが、これからの学校は教師だけでなくさまざまな人的資源を活用していくことが必要でしょう。

２．研究結果にみる教師による不登校への支援

　教師による不登校への支援の有効性を研究ベースで明らかにしたものは、あまり多くはありません。そのなかでも例えば山本（2007）は、教師への質問紙調査により、不登校状態をとらえる観点として「①自己主張」「②行動・生活」「③強迫傾向」「④身体症状」を抽出したうえで、①自己主張ができない場合は、学習指導・生活指導を行うとともに家族を支えること。②行動・生活に乱れがみられる場合は、関係を保つことに注意しながら生活指導を行い、登校を促すこと。③強迫傾向が強い場合は、校内の援助体制を整え別室登校をさせるとと

もに、家族を支え校外の専門機関との連携を図ること。④身体症状が重い場合は、児童生徒の気持ちを支えるとともに保健室登校をさせるなど校内の援助体制を整えること。以上が、支援方法として有効であることを示唆しています。本研究は、児童生徒の状態に応じて具体的な支援方法を示唆した貴重な結果であると言えますが、児童生徒の状態に対して表面的な理解にとどまって、紋切型に支援方法を押しつけてしまうことになってしまわないよう注意する必要はあると思われます。

　また、岸田（2010）は、教師へのインタビューから、不登校支援には「教師の認知・信念」や「教師の個性」、あるいは「学校環境」、「事例の固有性」などが関係していることを示唆しています。教師という職業は、専門性や業務の優先度について比較的個人裁量度の高い側面があります。理想の教師像や力を入れたい教科、業務等も個々の関心や経験によって異なります。また、児童生徒の個性や背景もさまざまです。そのため、すべての対応をマニュアル化することはできません。少なくとも、上に挙がったような諸要因を念頭において、自分のできる支援方法は目の前の児童生徒にとって適切なのかどうか、周囲の同僚教師や専門家に相談しながら、協働して取り組んでいくことが必要ではないでしょうか。特に、教師自身がその児童生徒にどのような思いを抱いているのか、教師自身が不登校に対してどのような認識を抱いているのかということと、常に向かいあいながら取り組んでいくことが必要であるように思われます。

3．熊本大学"ユア・フレンド"の取り組み

　最後に、大学生による不登校支援に関する取り組みを紹介します。熊本大学教育学部は、2002年度より熊本市教育委員会との連携事業として「ユア・フレンド事業」を実施しています。「ユア・フレンド事業」とは、熊本市教育委員会の要請に熊本大学教育学部が応じ、不登校状態にある小中学校の児童生徒に対して大学生ボランティアを募集・派遣して、児童生徒の話し相手・遊び相手になる活動です。学部2年生以上の学生が、臨床心理学を専門とする教員による事前研修を経てユア・フレンドに登録し、熊本市教育委員会教育相談室スタッフによるマッチングを経て、随時児童生徒のもとへ派遣されています（図7-

8）。事業開始2年目から登録学生数は100名を超え、現在では毎年200名を超える学生が登録しています。また、年間派遣回数は延べ3,000件を超えています。本事業は一部単位化しているものの基本的にはボランティア活動ですが、学生にとって人気の高い活動になっています。その理由は、教師を目指す学生たちにとって、自分たちが教師となった際に不登校の児童生徒を担当することになる可能性は高く、当該児童生徒にどのように寄り添うことができるかについて学生のうちから体験的に学ぶことを志向していたり、そもそも不登校状態に陥る児童生徒と接する機会がないことへの問題意識に依るところにあるようです。

なお、本事業は設立当初から、児童生徒の学校復帰を目的とはしていません。また、学習活動の支援も行いません。設立に際し携わった当時の大学教員及び教育委員会のメンバーは、これについてかなり議論したうえで、こだわった点であるとのことです。なぜならこの方針は、不登校児童生徒の"今"を充実させることが何より重要であるという信念に基づいているからです。現在においても（むしろ現在においてこそ）、その理念は時代にフィットしていると思われます。学校に対して不適応感を感じている児童生徒にとって、少し年上のお兄さん・お姉さんとつながる経験は、ひいては社会に対する信頼感をつなぎとめるものとなるだろうと考えています。学生たちにとっても、ユア・フレンドの経験が将来教師になった際に、担当する児童生徒への理解と支援に大いに役立つであろうことを期待して

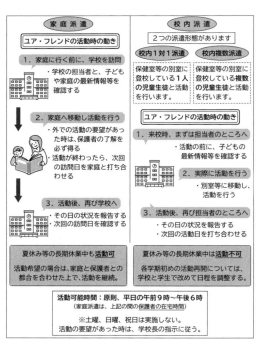

図7-8　ユア・フレンドの活動概要

います。また、こうした取り組みが全国に広がっていくことを期待します。

▼▲ 第3節　不登校をどのように理解するべきか ▲▼

　ここまで、不登校の実態に関するいくつかの調査や支援について概観してきました。不登校に対してどのように考えるべきか、理解が深まったでしょうか。実は、令和の時代に入り文部科学省（2019）は不登校児童生徒への支援のあり方について、以下の方針を示しています。

> 『不登校児童生徒への支援は、「学校に登校する」という結果のみを目標にするのではなく、児童生徒が自らの進路を主体的に捉えて、社会的に自立することを目指す必要があること。また、児童生徒によっては、不登校の時期が休養や自分を見つめ直す等の積極的な意味を持つことがある一方で、学業の遅れや進路選択上の不利益や社会的自立へのリスクが存在することに留意すること。』

　つまり、現実的なリスクの側面について一定程度情報提供のうえ認識を促す必要はあるものの、基本的には学校復帰という目先の行動の変化よりも、本人にとって尊重された主体的な選択のもと、将来の本人なりの社会的な自立を見据え、今を安心して過ごしてもらうことが重要である、ということです。さらに言えば、本人の成長可能性を信頼し、大人側が焦らずに見守り続けることが必要である、ということではないでしょうか。

　このことを本章の冒頭であえて示さなかったのは、読者に不登校への理解と支援について、まず自分なりに考えてもらいたかったからです。なぜなら、不登校は学校にとって身近な課題でありながら、当事者にしかわからない苦しさがあります。そのことに、まずは少しでも寄り添ってあげてもらいたいのです。

　当事者からすれば、30万人に上っていると言えども、全体として3.17％という人数は、いまだ少数派であることに変わりはありません。不登校になった誰もが「どうして自分だけが」と思い、周囲の目を気にし、それでも動けない自分を責めます。学校が嫌いになり、意図的に学校に行かないことを決めた児童生徒にしても、そうならざるをえなかった理由が必ずあります。本人にしか、もしくは本人にすら理解できないつらさを抱えているなかで、登校することだ

けを求めても、その児童生徒と信頼関係を築くことはできないでしょう。

　大事なことは、「不登校であることを問題にしない」、ということではないかと考えます。それよりも、その子が何に興味をもち、どんなことを楽しめていて、自分を大切にできているか、誰かに必要とされているか、といったことを知ろうとする姿勢ではないかと思います。人間は100人いれば100通りの考えや感じ方があります。これからの学校には、それぞれを尊重し、かつ互いの思いを安全に、また安心して分かちあうことのできる環境づくりが何よりも求められています。

▶▶ **ディスカッショントピック**

　あなたが小学生〜高校生の頃、学校は好きでしたか？　また、それはどうしてですか？　もし好きではなかった場合、何があれば好きになれたかもしれないと考えますか？　これらについて話しあってみましょう。

*要保護児童対策地域協議会のこと。

【引用文献】

岸田幸弘（2010）教師が行う不登校児童生徒への支援―小中学校教師へのインタビューから―．学苑・初等教育学科紀要，836, 50-62.

子どもの発達科学研究所（2024）文部科学省委託事業 不登校の要因分析に関する調査研究報告書．

文部科学省（2023a）令和4年度児童生徒の問題行動・不登校等生徒指導上の諸課題に関する調査結果について．

文部科学省（2023b）文部科学統計要覧（令和5年度版）．

文部科学省（2023c）COCOLOプラン．

文部科学省（2022）令和3年度児童生徒の問題行動・不登校等生徒指導上の諸課題に関する調査結果について．

文部科学省（2021）令和2年度不登校児童生徒の実態把握に関する調査報告書．

文部科学省（2019）不登校児童生徒への支援の在り方について（通知）令和元年10月25日．

日本財団（2018）不登校傾向にある子どもの実態調査．

山本奨（2007）不登校状態に有効な教師による支援方法．教育心理学研究，55, 60-71.

Chapter 8
 いじめ問題の理解と支援

> わが国においていじめは社会総がかりで取り組むべき課題とされており、学校現場だけで解決できるものではありません。しかしいじめ防止対策のキーパーソンは依然として教師です。いじめ防止対策推進法やいじめの防止等のための基本的な方針などに沿って、積極的にいじめ問題に取り組んでいきます。ネットいじめなどの新しいいじめの理解も大切です。本章では多様ないじめの実態と実際の支援について、整理していきます。

▼▲ 第1節 いじめとは ▲▼

　2013年にいじめ防止対策推進法（以下「法」とします）が制定され、わが国におけるいじめの定義が明確になりました。

　法の成立以前は、文部科学省が児童生徒の問題行動・不登校等生徒指導上の諸課題に関する調査に用いるいじめの定義が参照されていました。調査開始から2005年度までの定義と、2006年度から2013年度までの定義があります（表8-1）。

　定義の変遷を追っていくと、2005年度までは、いじめの定義が非常に限定的であったことがわかります。「自分より弱い者に対して」「一方的に」「継続的に」「深刻な苦痛」を与えるものでなければいじめとは認められなかったということです。しかし、2006年度以降は、これらの条件が不要になり、いじめ概念が拡充され、児童生徒の立場に立って判断されるようになりました。さらに法では、インターネットを通じて行われるものも含むことが明記され、いじめ防止、いじめ対策に早期に着手していく姿勢が、強調されました。

　かつていじめは「自分より弱い者に対して」行われるものとされていましたが、いじめの被害にあいながらもその日一日過ごしていく児童生徒の強さを考えるとき、そもそも妥当性に乏しいことがわかります。「一方的に」「継続的に」という条件も、昨今のいじめはSNSの普及も相まって、いじめいじめら

表 8-1　いじめの定義の変遷

文部科学省（問題行動等調査開始時～2005年度）
自分より弱い者に対して一方的に、身体的・心理的な攻撃を継続的に加え、相手が深刻な苦痛を感じているもの

文部科学省（2006年度～2013年の法の施行まで）
当該児童生徒が、一定の人間関係のある者から、心理的、物理的な攻撃を受けたことにより、精神的な苦痛を感じているもの

いじめ防止対策推進法（2013年6月28日公布～現在）
児童等に対して、当該児童等が在籍する学校に在籍している等当該児童等と一定の人的関係にある他の児童等が行う心理的又は物理的な影響を与える行為（インターネットを通じて行われるものを含む。）であって、当該行為の対象となった児童等が心身の苦痛を感じているもの

れ関係は比較的短期間に入れ替わり、必ずしも一方向とは言えない複雑な様相を呈しています。「深刻な苦痛」という表現も、何をもって深刻とするのか、難しい問題です。「自分が弱いから深刻に感じてしまうのではないか」「まだ深刻な事態ではない」と自分をなんとか鼓舞しながら必死に生き抜く児童生徒に、深刻かどうかを問うことなどできません。

　一見すると広すぎるように感じる今日のいじめの定義は、社会総がかりでいじめ防止に取り組もうとするわが国が、まずは被害児童生徒の立場に立って考えることから始めようと決意したものとも言えるでしょう。

▼▲　第2節　いじめの件数　▲▼

　2006年度分の「児童生徒の問題行動等生徒指導上の諸問題に関する調査」（2016年度分から「児童生徒の問題行動・不登校等生徒指導上の諸課題に関する調査」）以降、いじめ件数の呼称は、「発生件数」ではなく「認知件数」に変わりました。この変更は、いじめ防止対策の考え方を大きく推進させるものでした。発生件数となると「報告される件数が多いのは問題」「件数は少ないほどいい」「件数を減らさなくてはいけない」とどうしても考えてしまいます。なんらかのいじめのサインに気づいても、もしいじめが発生していなければ件数にならないわけ

ですから、慎重に様子をみたり、いじめではない根拠を探したりと、初動が遅れてしまうかもしれません。これでは早期発見・早期対応にはつながりません。教師には積極的にいじめを認知し、できるだけ早く解消に努めることが求められています。ただ単に数字が少なければいいのではなく、たとえ数字が多くとも、そこで解消に努めるのであれば、その方が大切です。認知件数をいじめ防止対策への積極性の証とみなすため、発生件数ではなく認知件数をいじめの件数としているのです（図8-1）。

いじめを認知した学校数の割合は2023年度には83.6％であり、1校あたりの認知件数は20.3件となっています。そしてそれらの99.8％は解消していたり解消に向けて取り組み中であったりと、取り組みが進められています（図8-2）。一方16.4％の学校では1件のいじめも認知されておらず、潜在的ないじめが対策されないまま放置されているおそれが懸念されています。認知件数が少ない

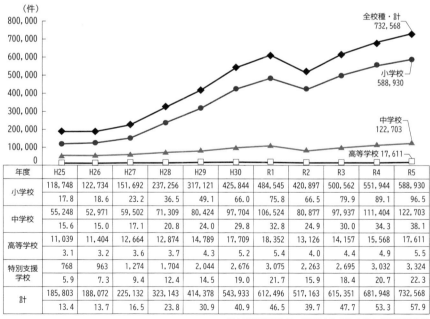

図8-1　いじめの認知件数の推移（文部科学省，2024）

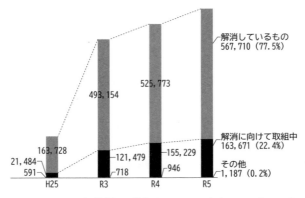

図8-2　いじめ解消状況の推移（各年度末時点）（文部科学省，2024）

場合、いじめ根絶の取り組みが功を奏している可能性ももちろん示唆されるところではありますが、教師がいじめを見逃していたり見過ごしていたりするのではないか、と振り返る契機にもしていく必要があります。

▼▲　第3節　いじめの解消　▲▼

　2013年の法の規定によって同年に策定された「いじめの防止等のための基本的な方針」（以下、国の基本方針）は、2017年に法の見直し規定を踏まえ改定されましたが、そこでは「いじめが解消している状態」を満たす2つの要件が示されました。

①被害者に対する心理的又は物理的な影響を与える行為が止んでいる状態が相当の期間（3ヵ月が目安）継続している
②被害者が心身の苦痛を受けていない（本人や保護者の面談等で心身の苦痛を感じていないかどうか確認する）

　なお、要件を満たす場合であっても解消の判断は慎重に行うよう注意喚起がなされています。必要に応じて他の事情も勘案して判断すること、3ヵ月はあくまで目安であって、より長期に設定する場合もあること、解消後もいじめの再発を予防していくのだということが明記されています。

いじめの解消は、単に加害者が被害者に謝罪したら終わりというものではありません。被害者にとって学校がいじめのない安全・安心な場所になること、加害者にとって学校がいじめを介さない人間関係を新しく学べる場になることを、丁寧に目指すことが大切です。

▼▲　第4節　いじめの重大事態　▲▼

　いじめの認知件数が増加することは、いじめ解消への積極的取り組みを示すものでもあったのですが、それでは、いじめの深刻さはどのように把握するといいでしょうか。ここでは「いじめの重大事態の発生件数」をとり上げたいと思います。

　法により、いじめの重大事態とは以下の2つを指します。

> ①いじめにより生命、心身及び財産に重大な被害が生じた疑いがある場合
> 　法第28条第1項第1号に書かれています。
> 　「生命・心身・財産重大事態」と略称されています。
> ②いじめにより相当の期間学校を欠席することを余儀なくされている疑いがある場合
> 　法第28条第1項第2号に書かれています。
> 　「不登校重大事態」と略称されています。

　いじめ防止対策推進法では、「学校の設置者又は学校は、重大事態に対処し、及び当該重大事態と同種の事態の発生の防止に資するため、速やかに、当該学校の設置者又は学校の下に組織を設け、質問票の使用その他の適切な方法により当該重大事態に係る事実関係を明確にするための調査を行うもの」とされています。そのため図8-3も調査数がプロットされたデータになっています。

　図8-3からいじめの重大事態は、多少の増減がみられるとしても増加傾向にあると言っていいでしょう（2020（令和2）年度の減少は、コロナ禍で登校日数が制限され、クラスメート間の交流が減ったことが要因として考えられます）。認知件数の増加に伴い、解消に向けた積極的な取り組みも確実に進んでいますが、重大事態が増加傾向にあることは、いじめが依然として深刻な問題であることを物語っています。

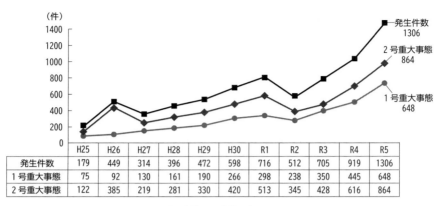

図8-3　いじめの重大事態の調査数（延べ数）（文部科学省，2024）

　なお、「生命・心身・財産重大事態」においても「不登校重大事態」においても、その原因としていじめが確認されれば調査を実施します。その際、いじめの疑いを含むことを忘れてはいけません。もし学校として「いじめの結果ではない」あるいは「重大事態とはいえない」と考えたとしても、児童生徒や保護者から重大事態に至ったとする申立てがあったときには、その時点で重大事態が発生したものとして調査に着手する必要があることにも注意が求められます。

　また、「不登校重大事態」にある相当の期間とは、不登校の基準である年間30日が目安となっていますが、連続して一定期間欠席しているなら、30日の目安を待たずに迅速に調査に着手する必要があるとされています。

　法や国の基本方針の対応を徹底するため、2017年に定められた「いじめの重大事態の調査に関するガイドライン」では、調査は、「公平性・中立性」を確保し、被害児童生徒・保護者の「何があったのかを知りたいという切実な思い」を理解したうえで、いじめの事実の全容を解明することと、学校・教育委員会等の対応を検証して同種の事案の「再発防止」につなげることが目的とされています。

▼▲ 第5節　生徒指導提要の改訂　▲▼

　生徒指導のイメージを聞くと、教員養成学部の大学生であってもほとんどが、なんらかの困難な課題が生じたあとに対応するいわゆる即応的な指導をイメージします。生徒指導室で、迫力のある先生に、厳格な指導をされる、といったイメージが根強くあります。現場の教師と世間のイメージがこれほど乖離した概念も少ないかもしれません。もちろん、即応的な指導は生徒指導の大切な一側面です。しかし生徒指導は、特定の教師が特定の場所で特定の問題を起こした特定の児童生徒だけに行うものに限定されません。すべての教師によってあらゆる機会にすべての児童生徒に対してこれまでも行われてきました。児童生徒の自己指導能力の育成にかかわるすべての営みが生徒指導と言っていいでしょう。困難課題対応的な生徒指導だけでなく、課題予防的生徒指導や発達支持的生徒指導の充実が極めて重要です。特に生徒指導提要（文部科学省，2022）が2022年12月に改訂されてからは、生徒指導の2軸3類4層構造（図8-4）が示され、この点が強調されました。

　それではいじめ対応の重層的支援構造はどのように考えるとよいのでしょうか。

1. 発達支持的生徒指導

　重層的支援構造の土台となるのが発達支持的生徒指導です。いじめ対応においては、いじめ防止につながる指導です。とはいえ、ただ児童生徒がいじめをしなければいいわけではありません。いじめ防止は、「いじめをしない」ことを目指すというよりは、「いじめの代わりに、どのように人権を尊重しあうのか」についての教育活動といえます。

　多様性が配慮され、児童生徒が対等で自由な関係を築く機会があり、課題解決に向けてときにはもめたりぶつかったりすることができ、困ったら「助けて」と言えるような居場所づくりは、何よりのいじめ防止と言えるでしょう。

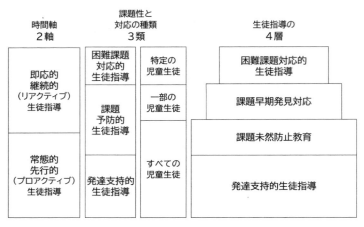

図8-4　生徒指導提要改訂版によるいじめ対応の重層的支援構造

2．課題予防的生徒指導

　課題予防的生徒指導には、課題未然防止教育と課題早期発見対応が含まれます。

（1）課題未然防止教育

　いじめを未然に防ぐためには、生徒指導はもとより、各教科での学習、道徳科や特別活動などを通じて、継続的にいじめ未然防止教育を行うことが有効です。

　さまざまなテーマを扱うことができます。まず、児童生徒が法によるいじめの定義を知ることは大切です。いじめの定義を知ることで自分の経験を振り返ることもできます。少し古いデータになりますが、国立教育政策研究所生徒指導研究センター（2016）による「いじめ追跡調査2013-2015」によれば、「仲間はずれ、無視、陰口」について、9割もの小中学生が「された経験」も「した経験」もあると答えています。いじめを受けるつらさを想像してみたり、被害者や加害者だけでなく観衆や傍観者の存在もいじめを成り立たせてしまうことを知ったりすることも必要です。傍観者が仲裁者や相談者になることでいじめを止められる可能性が増すこと、「いじめられる側にも原因がある」「いじめに耐えることも必要」といった考えは厳に慎むべき誤りであることなど、いじめ

未然防止教育のテーマは多岐にわたります。

　また、今日的ないじめに目を向けるなら、後述のネットいじめを見据えた情報モラル教育も重要です。

（2）課題早期発見対応

　早期発見のためには日頃からの組織的な対応が求められます。いじめを許さない方針を毅然として示し、さまざまなサインを見逃さない体制づくりが必要です。担任が抱え込み、長い目で様子をみるといった対応は、たとえ責任感や忙しい同僚への心遣いからのものであっても、決して望ましいものとは言えません。いじめかもしれないと違和感を覚えたとき、仮にそれが間違っていてもなんでもなければ、それはそれでいいのです。違和感を早期対応につなげていくことが大切です。

　いじめ発見のきっかけには、アンケート調査、本人からの訴え、当該保護者からの訴え、担任による気づきなどが挙げられます。なかでも圧倒的に多いのはアンケート調査です。訴えた児童生徒や保護者は、アンケート調査を機会として活かし、自らSOSを出してくれたことになります。速やかに内容を確認し、早期対応に努めたいものです。

　いじめへの対応の原則は、「被害児童生徒の傷ついた心の理解とケア」「加害児童生徒への指導」「被害児童生徒と加害児童生徒の関係の更新」「いじめの解消」です。

　「被害児童生徒の傷ついた心の理解とケア」には、被害児童生徒の話にしっかり耳を傾けること、いじめの被害から必ず守ることを伝えること、被害児童生徒のニーズを重視すること、無力感を取り払うこと、安心して援助を求めることができる支援者であることなどが含まれます。

　「加害児童生徒への指導」も大切です。いじめをする代わりにどのようなことに時間を使っていくのか考えていきます。反省を促し、いじめ以外の方法で他者とかかわることができるように支援します。いじめをやめることができたなら、そのプロセスを支持し、継続してエンパワーメントすることが必要です。

　「被害児童生徒と加害児童生徒の関係の更新」は、必ずしも関係修復のみを指すのではありません。誤解を恐れずに述べるなら、関係修復ができないこと

もありますし、小学校6年間、中学校3年間、高校3年間では短すぎ、間に合わないことも少なくありません。しかし、修復せずともクラスをともにしたり、許されなくても二度といじめをしない関係を維持したりということはありえます。いじめを通して変わってしまった関係を、どのように更新していくのかは、幅広く考えていくことになります。

そして「いじめの解消」ですが、先述のいじめ解消の2条件を念頭に、しかし決して機械的に条件を当てはめたりはせず、解消後も被害児童生徒、加害児童生徒ともに継続的にフォローすることが大切です。

3．困難課題対応的生徒指導

生徒指導として最もイメージされやすい困難課題対応的生徒指導では、丁寧な事実確認とアセスメント（児童生徒理解や環境の理解、いじめ発生プロセスの理解など）に基づいて、いじめの解消に向けて適切に対応します。被害児童生徒の安全・安心を回復するための支援と心のケア、加害児童生徒がその後いじめをすることなく生きていくための成長支援も視野に入れた指導、両者の関係の更新、学級の立て直しなどが目指されることになります。

被害児童生徒の保護者だけでなく加害児童生徒の保護者はもちろん、ときには観衆や傍観者となった児童生徒の保護者とも連携しながら、多岐にわたる対応を行わなくてはなりません。必然的に組織的に進める必要があります。

▼▲　第6節　ネットいじめ　▲▼

こども家庭庁による「令和5年度青少年のインターネット利用環境実態調査」によると、インターネット利用率は、0歳時ですでに15.7％、2歳時で58.8％、6歳で80.9％、8歳では92.3％となっています（図8-5）。

10歳になると65.2％の子どもが自分専用のスマートフォンを持っている時代です（図8-6）。友だちや家族と、1対1のトークから、複数人のグループチャット、音声通話やビデオ通話を無料で利用できるコミュニケーションアプリ（LINEやDiscordなど）を用いた新しいコミュニケーションの形は、児童生徒の

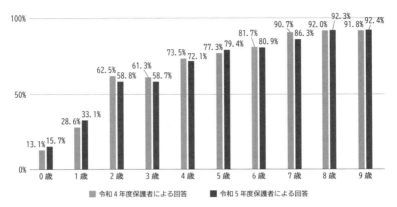

図8-5　子どものインターネット利用率（こども家庭庁，2024をもとに作成）

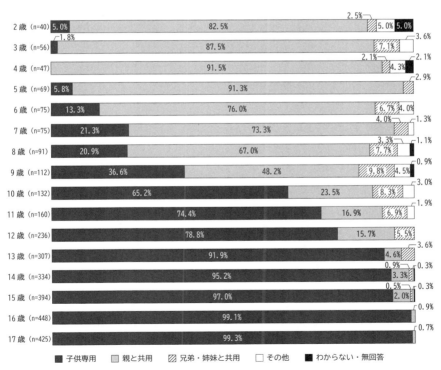

図8-6　スマートフォンの占有について（こども家庭庁，2024をもとに作成）

第8章　いじめ問題の理解と支援

「当たり前」になっています。

　より便利でより快適な方向への変化は歓迎されるところでもありますが、その反面、いじめはネット上にも拡大しています。「児童生徒の問題行動・不登校等生徒指導上の諸課題に関する調査」によると、2023年度のインターネット上のいじめの認知件数は、24,678件で、過去最多を更新しています。小学校のいじめでは2％未満ですが、中学校では9.2％、高校では15.5％、また特別支援学校全体では8.2％が、パソコンや携帯電話等で誹謗・中傷や嫌なことをされるといったいじめとなっています。

　例えば先述のアプリでは、グループを自由に作ることができます。話題ごとに相手を選んでグループを作ることも可能です。仲良し5人組のAさんのために、他の4人がサプライズのお祝いを計画するとしたら、Aさんを除いた4人組のグループを作ります。アプリがなければサプライズの実現のためにはもっと苦労が必要でしょう（その苦労も楽しい時間であったかもしれませんが）。一方でAさんを仲間外れにすることも簡単になりました。関心の高い人だけの新しいグループをたまたまAさん抜きで作っただけと思えば、仲間外れの後ろめたさも感じにくくなります。なんとなくはぶいてなんとなく元どおり、よくわからずにはぶられてよくわからずに元どおり、その間にグループみんながそれぞれ不安になったり傷ついたり用心深くなったりする、そういった難しい関係のなかで生じるいじめが増えてきています（図8-7）。

　ときにはもめたり葛藤したりして、誰かと対立する経験も大きな学びになるでしょう。そのような場を提供できるのも学校の魅力です。しかしSNSの普及によって、じっくり葛藤しながら、問題解決をするまでもなく、SNS上で関係を断ち切ってしまいます。これは自己指導能力を育む生徒指導の観点からも大きな課題となっています。

　SNSで誹謗中傷をしないように情報モラル教育を行うことは、ネットいじめを未然に防止する極めて重要な手立てですが、それだけでなく、グループを気軽に作るという当たり前の行動が、ときとしていじめになりうることなども、未然に児童生徒が意識できるように支援していくことが大切です。

　なお、学校生活のなかで多様な意見をぶつけあい許しあい認めあうような場

面を作るなど、上手な「もめ方」を学ぶ機会を豊富に提供していくならば、それは既述の発達支持的生徒指導と言うこともできるでしょう。また、もめることを避けるのではなく、もめながらも関係を維持しつつ問題解決していくような特別活動の充実は、課題未然防止教育の一環と言えるでしょう。

　ネットいじめが着目され始めた頃、いじめは見えにくくなったと言われました。大人の目の届かないところに隠されてしまったと。しかし実際には、ネット上と日常の対面場面を完全に住み分けることは難しいようです。ネットいじめはほどなく対面場面に染み出してくるということがわかってきました。対面場面でのいじめを認知した際、ネット上でもいじめが展開されていたかもしれないと意識することができれば、早期発見や早期対応につなげることもできるかもしれません。

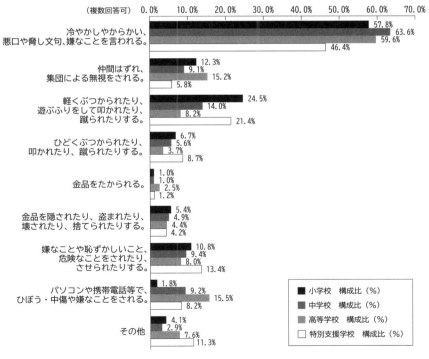

図8-7　いじめの態様別状況（文部科学省，2024）

第8章　いじめ問題の理解と支援　　137

第7節　嗜癖的ないじめ

　嗜癖（アディクション・依存症）には、医学的に早くから精神疾患として位置づけられてきたアルコール依存症や薬物依存症だけでなく、人間の生活に欠かせないもの（食べ物、セックス、インターネット、仕事など）や、社会的に容認されているもの（ゲーム、パチンコ、ショッピング、スポーツなど）などに対して過度に関与し、コントロールができなくなる状態も含まれます。幅広くてわかりにくく、誤解されやすい嗜癖の心理を、「もともとストレス解消のために役立っていたはずの行動が、かえってその行動をしないとストレスになってしまう逆転現象」ととらえておくと直感的に理解しやすいかもしれません（石井, 2024）。

　激しい刺激は嗜癖対象になりやすい傾向があります。度を越えたSNS利用、過剰な糖分摂取や買い物依存、ワーカホリックや健康を害するほどの身体的トレーニング、支配欲求や優越感を満たす暴力など、多岐にわたる行動が嗜癖概念を用いて説明されてきました。

　一部のいじめにも、加害児童生徒がいじめという行為に嗜癖している状態として理解することが有効なものがあります。個別の指導を通して確かに反省していることが確認でき、本人も二度といじめはしないと決意していて、しばらくは誰もいじめずに過ごせているにもかかわらず、何度もいじめを繰り返してしまうような事例です。この場合、いじめについて考えさせたり教えたりするだけでは改善は極めて難しいでしょう。わかっていてもやめられない、そんな状態だからです。わかることと変わることが直接的に結びつきにくいところに難しさがあります。

　嗜癖的ないじめの場合は、特に加害児童生徒への長期的な支援が必要です。いじめという激しい刺激を、他の穏やかな刺激（多くは対等で自由な人間関係）に置き換えることが大切ですが、これには時間がかかります。いじめに代わる過ごし方を加害児童生徒が身につけるためには、他者からの支えが必要であることを、本人も教師もわかっておく必要があります。

第8節　傷を負う保護者との連携

　社会総がかりでいじめの防止に取り組むのですから、保護者との連携は必須です。しかし、被害児童生徒の保護者はショックや悲しみや怒りなどが入り混じり、複雑な心情を抱えており、連携が難しいことがあります。また加害児童生徒の保護者もショックを受け、わが子を守るための頑なな言動や否認に終始してしまうことがあり、連携どころではないこともあります。

　大切なことは、なんのための連携なのか、共通理解を図ることです。被害児童生徒を守るため、そして学校に（この社会に）居場所を感じられるようにするため、あるいは加害児童生徒が自分の行いを振り返ることができるようになるため、そのうえで誰かをいじめることなく人生を歩んでいけるようになるため、そのための協力を得たいから連携していくのだと保護者に伝えることが必要です。連携によって実現できる、人生を見通した教育的意義を、粘り強く伝えていくことになります。

第9節　おわりに：いじめの発生・維持・解消と教師による生徒指導

　教師は児童生徒からとてもみられています。ある児童生徒を何気なくいじってしまったとします。そこから瞬く間にいじめが始まったとしても不思議ではありません。教師のいじりは、その児童生徒をいじることの免罪符になってしまいます。何気ない言動に気をつけたいものです。

　いじめの四層構造は、被害者・加害者・観衆・傍観者であり、傍観者はいじめに加担していないようで間接的にいじめを維持する存在と考えられています。しかし傍観者である児童生徒が仲裁者や相談者になれないのは、仲裁者になっても守ってもらえない、相談しても助けてもらえないというふうに、大人に対して不信感があるからかもしれません。児童生徒たちは傍観者で居続けるしかないのかもしれません。教師が半ば機械的に様子見を続けることで教師自身が傍観者になってしまうこともあります。逆に教師のいじめ防止に対する熱意は、いじめの維持を妨げる大きな力となります。

また、いじめの解消の取り組みがいじめの構造をもっていては、なかなかいじめはなくなりません。例えば、いじめの加害児童生徒を、クラスでさらし者にするような対応は、いじめの構造を成しており、いくら綿密に集団指導の意義を想定していたとしても、適切とは言えないでしょう。児童生徒は教師からの生徒指導を通して、今度は自分で自分を自己指導できるように自己指導能力を身につけていきます。いじめを以ていじめを制すというような対応は、児童生徒の自己指導能力の獲得には結びつきません。

　自己指導能力を豊かにするような対応でいじめ防止に取り組むことが大事ということになります。いじめを理解し、被害者も加害者も育み、抱え込まず他者と連携し、多岐にわたる対応をする教師の姿は、児童生徒それぞれの自己指導能力を促し、ひいてはいじめ防止に大きく貢献するものと言えるでしょう。

▶▶ **ディスカッショントピック**

　児童生徒Aは、自分の行いをいじめ加害と認め、反省しています。しかしどこか納得いかないところがあるようです。
　話を聞いてみると、自分がしたことは反省しているけれど、自分だけに原因があるとはどうしても思えないと言います。これまで相手の振る舞いに散々がまんしてきたと言うのです。相手には悪気がなかったと思うが、それをずっとがまんしてきた自分が、がまんしきれずにエスカレートしてやってしまったことだけが悪いとされるのは、どうしてもモヤモヤするということでした。いじめられる側にも原因がある、そう考えているようです。
　さて、あなたならこのあと、Aにどんなことを話して聞かせたいですか？

【引 用 文 献】

石井宏祐（2024）アディクション臨床がアディクティブにならないためのブリーフセラピー．日本ブリーフセラピー協会編．Interactional Mind No.17．北樹出版．pp.83-89.
こども家庭庁（2024）令和5年度「青少年のインターネット利用環境実態調査」報告書．
国立教育政策研究所生徒指導研究センター（2016）いじめ追跡調査2013-2015―いじめQ＆A（生徒指導支援資料6「いじめに取り組む」）．
文部科学省（2022）生徒指導提要（令和4年度改訂版）．
文部科学省（2024）令和5年度児童生徒の問題行動・不登校等生徒指導上の諸課題に関する調査結果について．

Chapter 9
▲▼▲ 自殺予防とSOSの出し方に関する教育 ▲▼▲

　日本は先進国（G7）のなかで自殺率が最も高く、10～19歳の死因の第1位が自殺となっているのは日本のみです。さらに、近年、小中高生の自殺者数は高止まり状態が続いています。自殺予防教育の目標は、児童生徒が、「心の危機に気づく力」と「相談する力」を身につけることです。この章では、自殺に至る動機や心理や、学校で求められている自殺予防教育と危機介入について学び、教師一人ひとりが児童生徒の心の危機の叫びを受け止める力を向上させるためにどのような対応が求められているか検討します。

▼▲　第1節　児童生徒の自殺の現状　▲▼

1．日本の自殺者の推移

　2022（令和4）年3月、大阪府泉南市の中学1年生Aさんは、家族に「誰も知らない遠くの場所に行く」と言い残し、自宅から歩いてわずか5分の場所で自ら命を絶ちました。

　Aさんは小学生のときから「ちび」や「死ね」などの悪口を言われたり、突き飛ばされてけがをしたりするなど、10件以上のいじめを受け、中学校入学後は複数の生徒から、小学生の頃不登校だったことを心無い言葉でからかわれていました。学校に相談してもなかなか改善されず、夏休み明けから次第に学校に行けなくなりました。Aさんは自ら行政や民間の相談窓口に相談に行ったり、母親とともに学校に転校の希望を出しましたが、事態は変わらないまま時だけが過ぎ、次第にAさんは「生きていても仕方がない」と漏らすようになってきました。

　Aさんは自らSOSを発していたものの、残念ながら命は救われませんでした。こうした悲しい事件が起こることなく、児童生徒の命を守るために、学校や教師は日頃からどのようなことに気をつけ、対応するとよいでしょうか。

2023（令和5）年版自殺対策白書（厚生労働省，2023）によると、先進国（G7）各国の自殺死亡率をみると、日本は16.4％と7ヵ国のなかで最も高くなっています。さらに10〜19歳の死因の第1位が自殺となっているのは日本のみで、自殺の死亡率でみても、日本の10〜19歳（7.0％）および20〜29歳（20.4％）は最も高くなっています（図9-1）。

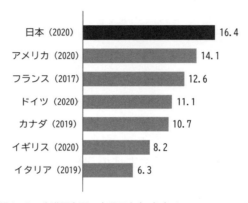

図9-1　先進国各国の自殺死亡率（％）（厚生労働省，2023）

・令和5年の自殺者数は21,837人で、前年と比べ44人（0.2％）減少した。
・男女別にみると、男性は2年連続で増加したが、女性は4年ぶりに減少した。
　また、男性の自殺者数は、女性の約2.1倍となっている。

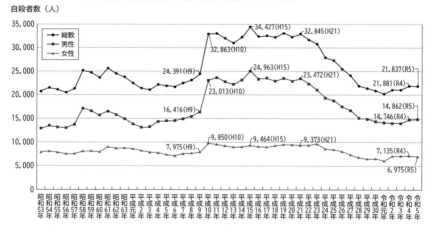

図9-2　自殺者数の推移（厚生労働省，2024）

142　第Ⅱ部　具体的問題への対応

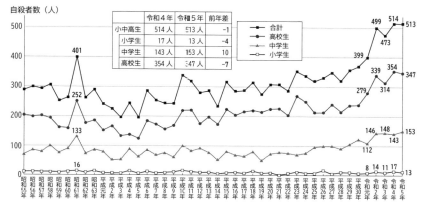

図9-3　児童生徒の自殺者数の推移（厚生労働省，2024）

　日本における自殺者数の推移については、2003（平成15）年の34,427人をピークに総数は2万人台に減少してきましたが、コロナ禍の2020（令和2）年は21,081人で前年より912人増（約4.5％増）に転じました（図9-2）。小中高生の自殺者数は近年増えており、2023（令和5）年は前年と同水準の513人であり、高止まり状態です（図9-3）（厚生労働省，2024）。

2．日本の自殺対策

　自殺対策については、2006（平成18）年6月、自殺対策基本法が成立し、2007（平成19）年9月には「自殺総合対策大綱」が閣議決定されました。「自殺は追い込まれた末の死。自殺は防ぐことができる。自殺を考えている人はサインを発している。」ことを基盤にさまざまな施策がとられました。
　2022（令和4）年10月に改正された第4次自殺総合対策大綱（厚生労働省，2022）の自殺総合対策における当面の重点施策のひとつに、「子ども若者の自殺対策をさらに推進する」が掲げられました。今日において、子ども若者の自殺対策は重大な課題のひとつであり、個人の問題に帰するのではなく社会の問題としてとらえることが大切です。

第2節　児童生徒の自殺の原因・動機

　児童生徒の自殺の原因・動機の特定は難しく、約半数は特定できていません。遺書などの自殺を裏づける資料により推定できた実態でしかないことに留意したうえで、小中高生の自殺の原因・動機をみると（厚生労働省，2024）、学校問題が最も多く（261件）、次いで健康問題（147件）、家庭問題（116件）となっています。特に学校問題の内訳をみると、学業不振（65件）、入試以外の進路に関する悩み（53件）、学校問題その他（51件）、いじめ以外の学友との不和（48件）が多いです（表9-1）。学種や男女別で違いがみられ、比率が高い項目は以下の通りです。

　小学生は、男子では「家庭からのしつけ・叱責」、「学校問題その他」、「学業不振」、「その他学友との不和」、女子では「親子関係の不和」、「家族からのしつけ・叱責」、「その他学友との不和」となっています。

　中学生は、男子では「学業不振」、「家族からのしつけ・叱責」、「学校問題そ

表9-1　児童生徒の自殺動機（厚生労働省自殺対策推進室警察庁生活安全局生活安全企画課，2024）

			家庭問題	健康問題	経済・生活問題	勤務問題	交際問題	学校問題 計	学業不振	入試に関する悩み	進路に関する悩み（入試以外）	いじめ	学友との不和（いじめ以外）	教師との人間関係	性別による差別	学校問題その他	その他	不詳
令和5年	小学生	総数	6	1	0	0	0	3	1	0	0	0	1	0	0	1	4	3
		男性	1	0	0	0	0	2	1	0	0	0	0	0	0	1	2	2
		女性	5	1	0	0	0	1	0	0	0	0	1	0	0	0	2	1
	中学生	総数	46	26	1	0	4	92	28	12	12	1	20	2	0	17	19	24
		男性	23	10	1	0	3	43	15	7	7	0	5	0	0	9	9	8
		女性	23	16	0	0	1	49	13	5	5	1	15	2	0	8	10	16
	高校生	総数	64	120	4	4	29	166	36	24	41	0	27	4	1	33	36	61
		男性	37	53	2	2	7	109	22	18	29	0	16	3	0	21	21	26
		女性	27	67	2	2	22	57	14	6	12	0	11	1	1	12	15	35
	計	総数	116	147	5	4	33	261	65	36	53	1	48	6	1	51	59	88
		男性	61	63	3	2	10	154	38	25	36	0	21	3	0	31	32	36
		女性	55	84	2	2	23	107	27	11	17	1	27	3	1	20	27	52

の他」、女子では「親子関係の不和」、「その他学友との不和」、「学業不振」となっています。

高校生は、男子では「学業不振」、「その他進路に関する悩み」、「うつ病」、女子では「うつ病」、「その他の精神疾患」、「その他進路に関する悩み」となっています。

さらに高校の校種別でみると、自殺者数は全日制高校男子が最も多いのですが、割合をみると男女ともに定時制・通信制の生徒が多いことがわかります。

定時制・通信制では「健康問題」、全日制では「学校問題」の占める割合が大きくなっています（いのち支える自殺対策推進センター・厚生労働省, 2023）。

以上のように自殺の背景は、小学生では「家庭問題」の割合が高いですが、中学生では「家庭問題」に加えて「学校問題」が高くなり、高校生になると校種により「学校問題」や、うつ病や統合失調症などの精神疾患に関する「健康問題」が急増する傾向が見られます。さまざまな要因が複合的に絡みあい、心理的に追い込まれてしまった末のものであることを理解しましょう。

▼▲ 第3節 自殺の心理 ▲▼

自殺に追い込まれた人の心理状態について、トーマス・ジョイナーは自殺の対人関係理論を提唱しており、自殺の危険性は「身についた自殺潜在能力」、「所属感の減弱」、「負担感の知覚」の3要因が合わさったときに最も高くなると論じました（Thomas E. Joiner Jr., 2011）。

さらに、3要因に影響を与えるのが、WHO（2013）がまとめたさまざまな危険因子です（図9-4）。

末木（2023）によると、「身についた自殺潜在能力」とは、自らの身体に致死的なダメージを与える力です。過去に自殺企図を図ったり、身体的虐待経験や軍事経験、不適切なメディア報道やインターネットによる情報拡散にアクセスした人はこの能力が高まりやすいとされています。

2つ目の要因である「所属感の減弱」とは、他者やコミュニティに所属している感覚が弱くなっている状態です。人とのつながりが断ち切られたり、社会

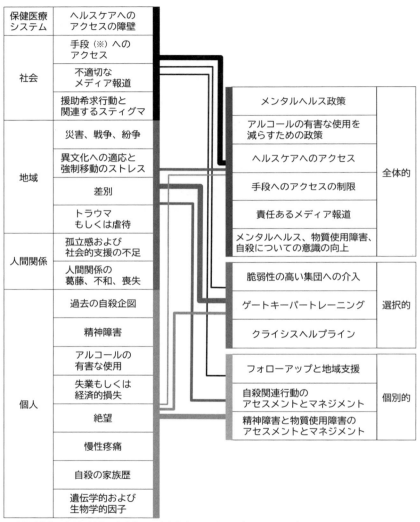

※手段(農薬、高所、線路、木炭等の一酸化炭素源など)を選択することや身近にあること

図9-4 主要な自殺の危険因子と関連する介入(WHO, 2013)

的支援の不足等により孤独になることが自殺リスクを高めます。

　３つ目の要因である「負担感の知覚」とは、自分は誰かに迷惑をかけるような存在であるとか社会の役に立たないといった感覚です。

　児童生徒が、身についた自殺潜在能力（自殺企図や虐待経験等により死に対する恐怖心が低下）が高まり、かつ所属感の減弱（学校や家庭に自分の居場所を見出せず孤独を感じる）や負担感の知覚（自分は誰の役にも立たない、迷惑をかける存在だと考える）に加え、今後も状況が変わらないと絶望すると、自殺願望が高まり、自殺行動が誘発されやすくなる可能性があるということです。

▼▲　第４節　学校における自殺予防教育　▲▼

１．自殺予防教育とSOSの出し方に関する教育

　「子供に伝えたい自殺予防」（文部科学省，2014）において、文部科学省が児童生徒を対象とする自殺予防教育の目標として示したのが、「早期の問題認識（心の危機に気付く力）」と「援助希求的態度の促進（相談する力）」の２点です。この２点に焦点化して取り組む授業を「核となる授業」と呼び、自殺予防教育の中核をなすものとして位置づけました。

　さらに、文部科学省（2021）は、困難な事態、強い心理的負担を受けた場合などにおける対処の仕方を身につける等のための教育を「SOSの出し方に関する教育」と打ち出し推進することを示しました。この教育は、身近にいる信頼できる大人にSOSを出せることを目指したもので、自殺予防教育の援助希求的態度の促進に相当します。実施については、各学校や地域の実情を踏まえつつ、各教科等の授業等の一環として、少なくとも年１回実施することが求められています。

２．自殺予防教育実施に向けての下地づくりの教育

　下地づくりとなる既存の教育活動として「生命を尊重する教育」や「心身の健康を育む教育」、「温かい人間関係を築く教育」などが挙げられます。また、日頃から児童生徒の個々の置かれた状況や心理状態を把握することや、困った

ときには気軽に相談できる児童生徒と教師の信頼関係づくり、話しやすい雰囲気づくりといった関係づくりや、保健室や相談室などを気軽に利用しやすい居場所づくりも重要になります。

このように、日頃の教育活動のなかに自殺予防教育の下地が多く含まれていることを認識し、自殺予防教育と連動させて行うことが重要です（図9-5）。

3．生徒指導提要のなかの位置づけ

生徒指導提要改訂版（文部科学省，2022）では、課題予防的生徒指導のうちすべての児童生徒を対象にした課題未然防止教育のひとつにSOSの出し方に関する教育を含む自殺予防教育の実践の重要性を挙げています。

また、発達支持的生徒指導の視点から自殺予防教育の下地づくりとなる生命尊重に関する教育や心身の健康の保持増進に関する教育、温かい人間関係を築く教育などを自殺予防教育と連動させて行うことが、児童生徒および教職員の自殺予防教育への不安感や抵抗感を少なくすることにもつながると示しています（図9-6）。さらに、児童生徒のSOSを早期に把握し、適切な支援につなげることが重要であることを踏まえ、1人1台端末を活用し、児童生徒の心身の

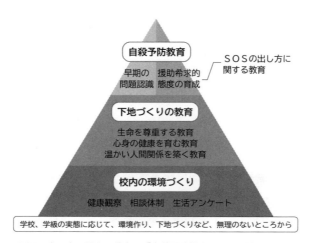

図9-5　SOSの出し方に関する教育と『自殺予防教育』の関係性（文部科学省，2022）

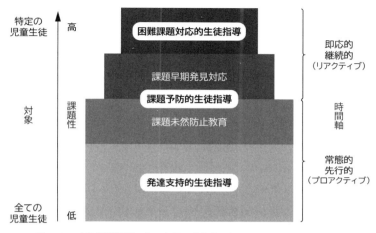

図9-6　生徒指導提要の中の自殺予防教育の位置づけ（文部科学省，2022）

状況把握や教育相談を行うことは有効な方策のひとつであると述べ、SOSの出し方に関する教育のみならず、日頃から児童生徒の心身の状況把握をするよう呼び掛けています。

▼▲　第5節　自殺予防教育の実施にあたって　▲▼

自殺予防教育を実施するにあたっては、3つの条件「①関係者間の合意形成、②適切な教育内容、③ハイリスクの児童生徒のフォローアップ」があります。

①関係者間の合意形成とは、実施に関心の高い教師ばかりでなく、不安を抱えている教師もいると考えられるため、事前に自殺予防教育の必要性について十分に話しあうことや、専門家による教師向け研修を行い、実施の合意を図ることです。

②適切な教育内容については、早期の問題認識と適切な援助希求態度（身近にいる信頼できる大人にSOSを出す）の育成が一生にわたる心の健康の基礎となるよう児童生徒に働きかけていきます。一方的な価値観や道徳観の押しつけや、心の病への偏見は避けなければいけません。また、児童生徒がロールプレイなどの集団活動を伴う体験的学習を行うことで、多様性を認めあい、仲間との絆

を深める機会とします。

　③ハイリスクの児童生徒のフォローアップについては、例えば、日頃の様子や、授業実施前後のアンケートや面談等を通してハイリスクと思われる児童生徒がいた場合、学校と家庭と地域の専門機関が協力して児童生徒を支えていく体制を整えておくことです。

　実際の授業実施は、児童生徒の最も身近な存在である担任教師主体でなされる場合が多いでしょう。一方、養護教諭やスクールカウンセラー、地域の保健師等の専門家のサポートを得ておこなう場合もあります。養護教諭やスクールカウンセラー等がチームティーチングという形でクラスに入ることができると、その後の個別相談につながりやすいというメリットもあります。

　しかし、学校の実態によっては、初めから学級担任主体での実施が困難な場合や、外部の専門家のサポートが得られない場合も考えられます。実態に即しては、無理のない現実的な形で実施するといいでしょう。

▼▲　第6節　学校における自殺予防教育プログラムの展開例　▲▼

　学校における自殺予防教育の目標は、「早期の問題認識（心の健康）」と「援助希求的態度（身近にいる信頼できる大人にSOSを出す）の育成」です。核となる授業は2時間で完結されるように構成されていますが、実際の状況に応じて実施することが望まれます。表9-2は筆者が教師とチームティーチングで取り組んだ1時間構成の授業案です。

　以下は、プログラムを実施するうえでの留意点となります。

　・体育の保健の授業「心の健康」で、小学5年生で「不安や悩みへの対処」、中学1年生で「ストレスへの対処」について学習し、悩んだり苦しんだりするときの対処方法について学習しています。自殺予防の授業に活用できる内容を多く含んでいるので、広く活用するとよいでしょう。

　・授業のなかで相談できる人を考えさせる内容がありますが、学年が上がるにつれ、親や教師よりも児童生徒に相談したり、自分ひとりで解決を試みる傾向が高くなります。学年を考慮したうえで、ロールプレイを通して相談するこ

表9-2　授業案

	学習内容・活動	指導・援助上の配慮事項
導入	【日常の心の状態を把握する】 1．班で、さまざまな状況におけるその時に生じる気持ちを出しあう。 2．本時のねらいを把握する。	状況や人によって気持ちやその大きさが違うことを押さえる。
展開1	悩みや相談について、答えてもらう。 質問1：この4週間で、このことに悩んだことはありますか ①対人関係、②自分の心と体の健康、③自分の性格や外見、④進路や将来、⑤学力・能力 質問2：①～⑤について、誰かに相談しましたか 友人、家族、学校の先生、専門家、相談しない 結果を受けて、課題を確認する。 **何にどのように悩んでいるかは人それぞれであり、悩むことは誰にでもあることを共有する。その上で、解決法のひとつに、相談することが有効であることを理解する。**	事前にアンケートに答えてもらう。 アンケート結果をもとに気づいたことを班で話し合ったことをまとめる。
展開2	相談を打ち明けられた時のロールプレイを通し、SOSの対応方法について考える。 「助言」「感情の理解」の2パターンを示し、それぞれロールプレイをおこなう。 ・各自、A、Bそれぞれの役割での気づきを書く。 ・A、Bの気付きや感想を共有する。 課題の解決を確認する。 **気持ちをじっくり聞き感情を受け止めること、自分ひとりで何かしようと抱え込まず、大人に相談する必要性を知る。**	2人1組になり、A（悩みを打ち明ける側）、B（悩みを打ち明けられる側）のロールプレイを教示する。 悩みを打ち明ける側と打ち明けられる側の心の状態について，班で話しあったことをまとめる。
展開3 まとめ	1．友だちからのSOSにかかわるときの合言葉の確認。 「気づいて」「よりそい」「受け止めて」「信頼できる大人に」「つなげよう」 2．相談機関（外部、学校等）の紹介。 3．事後アンケートに記入する。	友だちからのSOSにかかわるときの合言葉「きようしつ」を伝え、まとめる。 学校相談窓口や地域の相談機関を紹介する。 振り返りをおこなう。

とで得られることを体験することが望まれます。

・深刻な悩みを受けた場合の対応については、①き：気づく、②よ：寄り添う、③う：受け止める、④し：しっかり話を聞く、⑤つ：必要な大人につなげる、という「きようしつ」を心がけることを学ばせます。

一方で、信頼できる大人が思い浮かばない児童生徒や、心配をかけまいとして身近な大人に相談できない児童生徒もいます。これは援助希求すること自体

に対するスティグマ（偏見）が関係しています。例えば「心の病気は本人の心の弱さの問題」といった社会的な偏見（社会的スティグマ）や、「自分の責任だから人に頼ってはいけない」という自分への偏見（セルフスティグマ）があると、自分の状態を開示し援助を求めることをためらうことがあります。そのため、日頃から児童生徒が教師に相談できるような信頼関係を築くことが大切ですし、身近な大人に相談することが難しい場合、学校のスクールカウンセラーの利用や、自治体が運営している電話相談やLINE相談事業があることを伝えることも重要です。このような取り組みは、ひとりで悩みを抱え込まず相談することの大切さを伝えることと、援助希求性を高めることにつながります。

▼▲ 第7節　児童生徒の自殺への対応　▲▼

　もし、児童生徒から「死にたい」、「消えたい」と訴えられたり、自殺の危険性を感じるような出来事が起きたらどうすればいいでしょうか。

　教師自身が強い不安を抱いてしまったり、自分に関心をもってほしくて言っているのではないかととらえ、「死ぬなんて考えてはいけない」、「今はつらいかもしれないが、人生には楽しいこともあるから頑張って生きていこう」など一方的に安易な励ましや、「親から授かった命は大切にしなければならない」、「親や友だちが悲しむようなことはやめよう」と社会的な一般論の価値観を押しつけてしまっては、その児童生徒の孤独感を高めるかもしれません。

　対応については、「TALKの原則」に従います。①Tell：心配していることを言葉に出して伝える、②Ask：死にたい気持ちや背景について率直に尋ねる、③Listen：絶望的な気持ちを傾聴する、④Keep Safe：安全を確保する、という姿勢で話を聞くように努めます。対話を通じて、孤独感を和らげることを心がけましょう。そのうえで、教師ひとりで抱え込まず、必ず該当学年の教師や管理職、養護教諭や教育相談主事、スクールカウンセラー等のチームで対応することが重要になります。多くの目で見守ることにより児童生徒への理解を深めるとともに、教師自身の不安軽減や抱え込みを防ぐことにもつながりやすくなります。

実際に児童生徒の自殺が起こってしまうと、家族だけでなく学校全体も大きく混乱し、人々の心に深刻な影響を与えます。そのため自殺発生後は、遺族だけでなく、児童生徒やその保護者、地域、関係機関、場合によってはマスコミに対し、管理職を中心に組織的に速やかに対応していかなくてはいけません。

　さらに学校からの要請により、臨床心理学の専門的な知識・経験を有する専門家を派遣し、専門家の立場から危機状態における心理状態や反応、対応について心理教育や助言するとともに、ショックを受けた児童生徒への心のケアを検討しながら対応していく必要があります。

　自殺予防教育を進めるにあたっては、児童生徒にはさまざまな生きづらさを抱えている背景があることを理解したうえで、受け止め共感する対応が求められます。そのためにも、日頃から児童生徒が安心安全に学校生活を送ることができるような信頼関係づくりや環境づくりは不可欠ですし、また教師自身がひとりで抱え込まず誰かに相談したり、保護者や関係機関と連携をとることが大切です。

　児童生徒にはひとりで悩みを抱え込まず、困った時には信頼できる人に相談することが生きる力につながることをしっかりと伝えましょう。

> ▶▶ **ディスカッショントピック**
> 　自殺予防教育の目標を達成するために、日頃の授業や特別活動のなかで、どのような対応を心がけるとよいでしょうか？

【引用文献】

疋田眞紀・疋田忠寛（2023）高校生の援助要請行動を育む取り組み．心理・教育・福祉研究：紀要論文集，22, 25-36.

いのち支える自殺対策推進センター・厚生労働省（2023）令和4年の「児童生徒の自殺」．

Joiner, T. E.（著）北村俊則（監訳）（2011）自殺の対人関係理論―予防・治療の実践マニュアル―．日本評論社．

厚生労働省（2024）令和5年中における自殺の状況．

厚生労働省（2023）令和5年版自殺対策白書．

厚生労働省（2022）自殺総合対策大綱―誰も自殺に追い込まれることのない社会の実現を目

指して―.
文部科学省（2022）生徒指導提要（令和4年度改訂版）.
文部科学省（2021）令和3年度児童生徒の自殺予防に関する調査研究協力者会議審議のまとめ.
文部科学省（2014）子供に伝えたい自殺予防―学校における自殺予防教育導入の手引―.
末木新（2023）「死にたい」と言われたら―自殺の心理学―．筑摩書房.
World Health Organization（WHO）（著）独立行政法人国立精神・神経医療研究センター精神保健研究所自殺予防総合対策センター（訳）(2013) 自殺を予防する―世界の優先課題―.

Chapter 10
児童福祉領域との連携

　児童養護施設を皆さんは知っていますか？　児童養護施設ではさまざまな理由で保護者等と離れて児童生徒が生活を送っています。年齢は原則3歳以上の子どもです。このように、なんらかの理由で保護者等が子どもを支えられないために、社会全体で子どもを支える仕組みのことを「社会的養護（養育）」といいます。社会的養護で保護され、養育を受けている児童生徒の多くは児童虐待や経済的な貧困下での生活を経験していることが多いです。また、心理的にも愛着面などに課題を抱え、行動面でも「大人を困らせる子」ととらえられやすい児童生徒が存在します。
　このような児童生徒の理解と児童福祉施設との連携、学校での対応についてこの章では一緒に考えていきたいと思います。

▼▲　第1節　2％の子どもたち　▲▼

　令和4年度福祉行政報告例によれば全国の児童相談所が対応した児童虐待の対応件数は「214,843件」でした。10年前の平成25年度の対応件数は73,802件でしたので約3倍となっています（図10-1）。マスコミの報道等で児童相談所が対応する児童虐待の対応件数は年々右肩上がりであることはご存知かもしれ

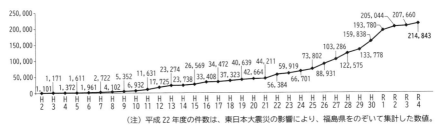

図10-1　令和4年度児童相談所における児童虐待相談対応件数（こども家庭庁，2022）

```
相談対応件数  207,660 件 ※1
一時保護      27,310 件 ※2
施設入所等     4,421 件 ※3,4
                ↓
```

内訳																
児童養護施設 2,360件				乳児院 685件				里親委託等 617件				その他施設 759件			
21年度	22年度	23年度	24年度	21年度	22年度	23年度	24年度	21年度	22年度	23年度	24年度	21年度	22年度	23年度	24年度
2,456件	2,580件	2,697件	2,597件	643件	728件	713件	747件	312件	389件	439件	429件	620件	739件	650件	723件
25年度	26年度	27年度	28年度	25年度	26年度	27年度	28年度	25年度	26年度	27年度	28年度	25年度	26年度	27年度	28年度
2,571件	2,685件	2,536件	2,651件	715件	785件	753件	773件	390件	537件	464件	568件	789件	778件	817件	853件
29年度	30年度	令和元年度	令和2年度	29年度	30年度	令和元年度	令和2年度	29年度	30年度	令和元年度	令和2年度	29年度	30年度	令和元年度	令和2年度
2,396件	2,441件	2,595件	2,274件	800件	736件	850件	663件	593件	651件	735件	656件	790件	813件	849件	755件

※平成22年度の相談対応件数、一時保護件数及び施設入所等件数は東日本大震災の影響により、福島県を除いて集計した数値。
※1　児童相談所が児童虐待相談として対応した件数（延べ件数）
※2　児童虐待を要因として一時保護したが、令和3年度中に一時保護を解除した件数（延べ件数）
※3　児童虐待を要因として、令和3年度中に施設入所等の措置がなされた件数（延べ件数）
※4　令和3年度　児童虐待以外も含む施設入所等件数　9,110件

図10-2　令和3年度児童虐待相談対応の内訳（こども家庭庁支援局家庭福祉ホームページ，2024）

ませんが、児童相談所の対応そのものや相談対応後のことはあまり知られていないと思われます。

　こども家庭庁より『社会的養育の推進に向けて』という資料が発表されています（図10-2）。資料の中に令和3年度の児童虐待相談対応の内訳が示されています。児童虐待相談対応件数は「207,660件」でした。この相談対応件数の中で、子どもの最善の利益を考え、子どもの生命の安全確保や現在の環境が子どものWell-beingにとって明らかに看過できない場合に児童相談所は一時保護を行います。このような深刻な状況下であると判断され一時保護をされた件数は27,310件であり相談対応件数の13％にとどまります。一時保護では、その子どもの家庭環境の調査が行われたり、成育歴の確認や子ども自身の心理状況等の包括的なアセスメントが行われたりします。その結果、家庭と分離することがよいと判断された子どもが里親に委託されたり、乳児院や児童養護施設等の児童福祉施設を利用したりすることになります。令和3年度の施設入所等の件

数は4,421件であり、一時保護を受けた子どもの16％、相談対応件数からすれば2.1％にすぎません。つまり、児童福祉施設等を利用している児童生徒は、児童虐待の相談や通告があったなかでも特に重篤な問題を抱え、時には生命の危機に瀕した経験をした可能性が高い子どもたちと言えるかもしれません。

　また、虐待を受けた子どもが児童福祉施設に保護されることで、その子は、これまでの生活と異なり、安心・安全な生活が保障され、規則正しい生活を送りながら健康的な生活を送ることができるようになります。一見、大人の視点では「よいこと」のように映りますが、子どもにとってはたとえ重篤な児童虐待を受けた経験等があったとしても、大切な両親や地域の学校、友だちとも離れるなど、多くの離別や喪失体験を重ねることになります。家庭から離れた子どもが、多くの悲しみや憤り、新しい生活への不安などを抱えながら児童福祉施設での生活を始めることは忘れてはいけない視点です。

▼▲　第2節　子どもの理解と対応　▲▼

　子どもの誕生は親にとっては最も喜ばしい出来事です。子どもの立場はどうでしょうか。お母さんのお腹のなかで、守られ、居心地のよい、安心、安全な世界です。生まれてきた世界は、気温の変化もありますし、重力も感じます。また、食事も自分で摂らなければなりません。心地よい世界だけではなく不快なこともある世界ですが、主に母親が中心となってお世話をすることで不快が静まり「安心」を感じます。次第に母親の声や足音でも安心できるようになりますが、母親以外の人はまだどんな人かわからないので怖い存在です。でも母親以外の人（父親等）も自分のお世話をしてくれることや、母親がその人とのかかわりのなかで安心している姿をみて、「この人も安心できるんだ」という感覚が育まれることで、家庭が安心の場になっていきます。成長とともに外の世界に興味をもち始めると、母親という安全な場所から離れて探索活動を開始し、いろいろと試しながらさまざまなことも学習します。ときにはピンチにあうこともありますが、母親という安全基地に戻って気持ちを立て直して再び探索行動を重ねながら安心・安全の場が広がります。対象も母親、父親、祖父母

など段々と対象が広がり、地域や社会も安心な場として感じながら成長をしていきます。子どもたちの心身が成長するにつれて、安心できる対象も広がり、学童期には先生や友人が安心の対象となります。

　ところが、児童虐待を受けた子どもたちは、このようなサイクルでの育ちを経験することができていないことが多いのです。情緒的な混乱や生理的な興奮（例：嫌なことがあって泣く）を感じている場面において、通常の育ちを営んできた子どもは「守られている」感覚が機能し、自然に切迫感が和らぎ、興奮が静まり、安心感が次第に回復して緊張が緩みながら徐々にエネルギーが回復します。このプロセスを得ながら、また「やりたい」、「頑張ってみたい」という気持ちになります。しかし、愛着形成が育っていないと、興奮がなかなか治まりません。体も緊張した状態が続き、小さな刺激に大きく反応してしまい、いわゆる「パニック」と呼ばれるような状態像を示したり、「暴れてしまう子」とみられてしまいます。また、子どもが経験するさまざまな危機的状況において、大人が弱音や甘えを許さなかったり、成功するまで挑戦させたり、叱責や懲罰で課題をやり通すことを強要すると、緊張感と興奮を高めてしまいます。その結果、子どもにとっては、たとえピンチを乗り越えることができたとしても達成感を得られにくい状況となります。

　また、貧困の問題も見過ごすことはできません。「貧困」というと皆さんはどのようなイメージが浮かぶでしょうか。十分な栄養を得られずに飢餓状態の子どもたちがいる発展途上国を想像するかもしれません。このように生きていくうえで必要最低限度の生活水準が維持されていない状態を「絶対的な貧困」と言います。これに対して、同じ国・地域の人と比べて、収入や資産が少なく、生活も厳しく不安定な状態を「相対的な貧困」と言います。おおむね、世帯所得が等価可処分所得の中央値の半分に満たない状態のことを指します。厚生労働省の2023年度の国民生活基礎調査によれば、所得の中央値は405万円であるため、202万5千円以下の所得世帯が相対的貧困下にあると言えます。200万円以下の世帯収入の割合は同調査において21.5%と示されています。つまり、日本では5世帯中1世帯が相対的な貧困下で生活をしているのです。貧困は単に経済的な面だけでなく、心理面においても保護者の余裕をなくしてしまい、子

育てにも大きな影響を与えることがあります。

小学３年生のＡさん（架空事例）のケースで考えてみましょう。

> Ａさんは２歳下の妹がいます。Ａさんの母親はＡさんが６歳の時に離婚をしてシングルマザーで生活をしています。Ａさんの母親は子育てを大切にしたいという考えから、就労は正規雇用ではなく、融通の利くアルバイトを掛け持ちしながら生計を立てています。子どもたちが登校した後にコンビニエンスストアでアルバイトをして下校時間前には退勤し、子どもたちの帰宅を家で待っています。その時間に家事をして、子どもたちの夕食を作り、お風呂に入れて、21時に一緒に布団に入った後、23時〜３時までの夜間のコンビニエンスストアでのアルバイトへ出かけます。学校行事にもできるだけ参加しようと頑張っている母親ですが、経済的にはとても苦しい状況です。母親は子どもたちに心配をかけさせたくないために夜間のアルバイトのことは黙っていましたが、Ａさんと妹は母親の夜間のアルバイトのことを知っています。母親は子どもたちが寝たのを確認してから出かけていたつもりでしたが、子どもたちはドアの鍵が閉まる音に気づき目が覚め、子ども２人だけの怖い、不安な夜を、身を寄せあって過ごしています。そのため、学校では居眠りをすることが多く、心配した担任がＡさんと個別に話を重ねるなかで母親の夜間のアルバイトのことを知ります。あなたが担任教師ならば母親をネグレクト（養育放棄）として児童相談所に虐待通告をしますか？　Ａさんの家庭に対してどのような支援をし、どのような職種と連携をしますか？

昔話で『かぐや姫』という話があります。この話を両親から聞いたり、絵本で読んだりするなどの経験があれば、古典の『竹取物語』は大筋を把握したうえで学習に臨むことができます。しかし、貧困下の家庭においては絵本を購入するという経済的な負担は大きなものかもしれません。また。日々の生活に追われて子どもたちに絵本を読むだけの心理的な余裕もないかもしれません。このような貧困によるさまざまな経験格差が学力などにも影響すると考えられています。

経験に関しては、経済的な貧困に起因するだけでなく、現代のライフスタイルによる影響もあるかと思います。皆さんは「火」が熱いこと、明るいことをどこで知りましたか？　30年前であれば学校には焼却炉がありゴミを燃やして処分していました。童謡の「たき火」にも落ち葉を掃いて集めた葉を燃やして暖をとる情景が歌われます。しかし、たき火を体験したり、火を直接生活のな

かで見たりすることは段々と難しくなっていると思います。家庭でもエアコンやIHコンロなどの普及に伴い、火を知らないまま成長する児童生徒もいます。理科の授業で初めて火を見る、火を初めて扱うと話す児童も多くなっています。世の中が便利になった分、さまざまな経験ができなくなっており、大人が「知っていて当たり前」、「できて当たり前」と思っていることが、児童生徒のなかには、体験をしていないため想像することもできない難解なことだという場合もあるかもしれません。

児童福祉施設を利用する子どもたちは、複合的かつ重層的な育ちの課題を抱えている子どもたちです。学校内外でさまざまな問題提起行動を示すことが多いかもしれません。教師にとっては「困る子」に映るかもしれませんが、児童生徒のこれまでの成育歴や成育環境、教師との関係性等を踏まえて、今、その児童生徒が何に困っているかをとらえ、「困った子は困っている子」という視点で見つめ直してみましょう。児童生徒の問題提起行動から、本人の苦しさやこれから成長しなければならない伸びしろを発見し、支援目標としてそれを児童生徒と共有しながらかかわり続け、心身の成長に寄り添うことは教員としての醍醐味のひとつではないでしょうか。

▼▲　第3節　児童福祉施設との連携：「当たり前」を乗り越えて　▲▼

児童福祉施設と学校は「児童生徒のために」という想いや働きかけの方向性は同じです。しかし、お互いが専門家であるがゆえに、対立構造になりうる危険性があることを忘れないことが、連携する際に重要なポイントになります。

児童福祉施設は児童生徒の「生活の場」です。彼らは朝起きて、朝食を食べて、学校へ行き、下校後は宿題をしたり、職員と団らんの時間を過ごしたり、夕食を食べて入浴し、寝ます。このごく普通の生活を送りながら心身の成長を育むことが一番大切な仕事です。しかし、児童福祉施設を利用している児童生徒は児童福祉施設にたどり着く前はこの最も大切な「普通の生活」を送ることが困難な状況でした。さらに、児童虐待や貧困、育ちの課題も抱えているがゆえに、「普通の生活」を送ることが難しく、普通の生活を営むようになること

が重要な支援目標となります。

　例えば、安心で安全な場である児童福祉施設で過ごしているにもかかわらず、入浴時にある子が入浴中に家庭で熱湯を浴びせられていたことを突如思い出し、泣き叫んでしまい、児童福祉施設職員に対して暴力を振るうなどパニックのような状態になることもあります。つまり、安心・安全な生活を送るがゆえに過去のつらい体験を呼び起こしてしまい、子ども自身も混乱する状況を示す場合もあるのです。日々の生活を大切にしながら、長い時間をかけ、お風呂は気持ちいいこと、嫌なことをする大人はいないことを子どもが体感することで心身の回復が図られます。普通の生活を送ることは重要なのですが、社会はその重要さや大変さへの認識は乏しく、普通の生活を送ることができて当たり前だという認識があるように思われます。できて当たり前のことはなかなか評価されません。そのことが、児童福祉施設の日々の実践が社会から着目されず軽視されていることにつながっているかもしれません。

　学校におけるカリキュラムは平均的な児童生徒を念頭に構成されたものです。教師は、社会から教育の専門家という期待が大きく、授業を行うことや学級経営を行うことは当たり前であり、できて当然という風潮もあるでしょう。問題提起行動を起こす児童生徒の対応、学級経営がうまくいかない、クラスをまとめきれないなどの問題が生じた場合にも、教育の専門家であるがゆえに、悩みを人に打ち明けられず、心に抱え込み、自分自身の心を痛めることも多いものです。教師だけでなく、当然学校も、できて当たり前の社会の風潮にさらされていると感じます。

　児童福祉施設と学校が連携を図るうえで、最も重要なことは、対等な関係性のもとでお互いを尊重しながら子どもの支援を行うことです。生活の場である児童福祉施設の日々を当たり前に送ることができていること、学びと成長の場である学校生活を当たり前に過ごしていることを相互に認めあい、称えあうことが重要です。ついつい私たちはできていないことに注目してしまいがちです。児童福祉施設を利用している児童生徒のこれまでの育ちを考えれば、当たり前ができなくて当然です。しかし、この視点を忘れてお互いに「当たり前のことがなぜできないのか／させないのか」と不満に感じ、お互いの関係性がぎくし

やくすることもあります。また、連携と言っても児童生徒が問題提起行動を起こし、指導場面でしか連絡を取りあわないということも多いかもしれません。

児童福祉施設職員は子どもたちが学校から帰って来てから彼らの生活を支える業務が始まり忙しくなります。教師が児童福祉施設職員と児童生徒について話しあおうとするとき、授業終了後のわずかな時間しか空けられないかもしれません。そのため、学校が児童福祉施設職員に働きかける時間は、児童福祉施設職員にとって一番手が離せない時間帯であることもよくあります。それゆえ来校することや話しあいの時間を確保することが難しいという返事になりえます。両者とも不信感につながる態度に映るかもしれません。お互いの日常を理解しながら、どうすれば連携できるのかという、できる方法を一緒に考え実践することが非常に大切です。「言うは易く行うは難し」かもしれませんが、日常的に情報交換を行いながら顔がみえる関係性を構築することが児童生徒の支援につながります。

第4節　児童福祉施設を利用している児童生徒の教育相談

児童福祉施設を利用している児童生徒の教育相談を行う際にはさまざまな配慮すべき事がらがあります。

まずは、児童生徒自身のこれまでの育ちのなかで得てきたものへの配慮です。児童虐待等の過酷な経験をしている子どもたちが大勢います。児童福祉施設と連携して児童生徒が児童福祉施設を利用する以前の生活の様子の把握に努め、どのような生活を送っていたか考える必要があります。また、児童福祉施設での生活の様子や学校生活の状況を照らしあわせて、児童生徒が抱える特別な事情に関心をもち、彼らの個別のニーズを把握し、彼らの願いに基づく目標を児童生徒や児童福祉施設職員と対話を通して共有することが大切です。その際、注意しなければならないことは支援者側（教師側）の思い込みや過剰な配慮、お節介です。例えば、児童虐待を受けたある児童生徒のことを"かわいそう"と感じ、「施設での生活ではなかなか言えないこともあるだろうな」と思い、さまざまな物を与える等の行為は彼らの成長につながる支援にはなりません。

また、種々の問題や課題に対して「虐待を受けてきたからだろう」という思い込みや先入観を過剰に抱くことも、児童生徒の相談を受ける際に、彼らの理解を間違った認識につなげる可能性があります。また、「自分は心がしんどいときは〇〇をして乗り切ったんだからきみもそうして頑張れ」などの個人的な経験のみで判断してそれを押しつけることは避けなければならないことでしょう。相談の基本ですが、児童生徒のニーズに耳を傾け、目の前の児童生徒にとって少しでも心地よい時間が増えるために何ができるか一緒に考え、実行することが求められます。どうしても児童生徒の問題提起行動に目が向きがちになる場面では、児童生徒のストレングスに関する情報を集め、児童生徒が楽しく学校生活を送ることができるように支援のあり方を話しあうことが大切です。

　また、進路に関する相談は特に配慮が必要です。進学時に児童福祉施設の利用を終結し家庭復帰（児童相談所による措置解除）となるケースもあります。児童生徒の生活の場がどこになるのかを児童福祉施設と連携を図りながら確認することが望まれます。そうしたうえで進路相談を行わなければ、児童生徒の進学や就職のニーズに適切に応じることはできません。また、児童福祉施設を離れること、そして転校することになれば、これまで何度も体験してきた「喪失」に再び児童生徒は向きあうことにもなるのです。仲の良かった友だちや教諭との別れを通して過去の不快な思い出が呼び起こされるかもしれません。そのようなときには児童生徒の気持ちに寄り添い、彼らの話を傾聴しながら、お別れの儀式（お別れ会や、個別にこれまでの学校の生活を振り返る場をつくり成長した点を振り返る等）を行い、新たな場所で頑張ろうという気持ちを育めるような配慮が大切です。

▼▲　第5節　児童心理治療施設における学校との協働：支援の実態　▲▼

　筆者は児童福祉施設のひとつである児童心理治療施設で教育部門の責任者を務めてきました。児童心理治療施設とは、児童虐待を受けたり、発達障害の二次的な被害を受けたりしたことで心理的困難や苦しみを抱え、日常生活の多岐にわたって生きづらさを感じている子どもたちが、心理治療や生活支援を受け

ながら利用する児童福祉施設です。児童心理治療施設には施設で生活をしながら治療を行う入所部門と、自宅から施設に通いながら治療を行う通所部門とがあります。児童養護施設と異なる点は施設のなかや近隣に分校や分教室が併設されていることです。施設のなかだけで治療を行うのではなく、学校と協働しながら児童生徒の心身の治療を行う「総合環境療法」を展開しています。

　総合環境療法の主人公は児童生徒です。さまざまな経験をしている子どもたちの多くはエネルギーが枯渇した状態で入所します。まずは、施設でゆっくり心身を休ませ、当たり前の日々の生活を送ることを柱とした支援を受けます。何時に起床するか、食事はどこでどのくらいの量を食べるかなど、児童生徒と話しあいを重ねながら児童生徒自身が主体的に決定していきます。生活が整ってくると次第に児童生徒は、学校へ行きたいという意欲が高まります。そのような状態になると、担任教師と施設の担当職員が子どもの状態像の理解や学校での支援目標などを検討するケース会議を重ねながら、担任教師はクラスの受入れの準備を行います。

　学校の見学、担任教師との顔合わせを行ったうえで、その児童生徒本人も参加したケース会議を行います。授業にどれくらい出席するのか、どの教科からチャレンジするのか、集団ではなく教師と1対1の授業から始めるか、まずは小さな集団での授業に出席するかなどを打ち合わせます。子ども本人の要望を踏まえ、一人ひとり異なる時間割が作成されます、最初は1日1〜2時間の学校生活からスタートすることが多いのですが、徐々に出席する授業数を増やしていきます。この際に大切にしているのは失敗や後退を認めることです。常に、順調に右肩上がりのようになることはありません。例えば、児童虐待を受けた児童生徒のなかには教師とのかかわりのなかでフラッシュバックを起こしてしまい、固まったり、攻撃性を教師に向けたりすることもありました。また、教育の場では児童生徒は成長のためのさまざまな負荷を体験しますので、それに耐えられず心が折れてしまい「どうせ自分はできない」、「勉強しても無駄だ」などの思いに駆られ登校意欲をなくしてしまうこともありえます。このようなときこそ教師や施設職員など周囲の大人は連携しなければなりません。施設には子どもの心理治療を行う心理士（セラピスト）がいます。教師は心理士からそ

の児童生徒の心理状態の説明を受け、学校での様子も踏まえ、その子がどのような状況にあるか理解していきます。また、日々の生活を支える担当職員(児童指導員・保育士)から、教師は施設の日常生活の様子を共有し、日々の変化から今後の支援のあり方を検討し教育実践に反映していきます。

学校の課題を活用し、愛着の再形成に向けた1対1の個別のかかわりを進めた小学5年生のBさんケース(架空事例)をみてみましょう。

> 児童虐待を受けた小学5年生のBさん。本当は大好きな施設の生活の担当の職員に注目して欲しい気持ちでいっぱいです。しかし、施設での生活は集団生活のため担当の職員CはBさんだけに対応できないこともあります。そのため、自分に注目してもらおう、かかわってもらおうとし、Bさんは無意識的に不適切な言動を繰り返していました。施設でケース会議を行い、不適切な言動をとらせることなくBさんが満足できるかかわりができないのかを検討しました。そして、少しの時間でもよいので施設職員と1対1の時間をつくることを計画しました。その計画を具体化するなかで教師から音読の宿題を出すのでそれを施設職員とともに取り組んでみてはどうかという意見が出ました。こうしてBさんが宿題を行うときには施設職員が1対1でかかわり、さらに宿題を完了できたら宿題の記録にシールを貼り視覚的に評価しました。そうすることで、施設職員と確実に毎日かかわりの時間がとれ、また学習の習慣も少しずつ身についていきました。Bさんは不適切な言動をとる必要がなくなっていったため、叱られることから褒められることが多くなり、全般的な行動面も次第に落ちついてきました。

連携は学校とだけ行うものではありません。筆者の勤務する児童心理治療施設では、定期的に教育委員会も加わった会議を開催し、施設の役割と学校の役割、連携について相互理解を深めています。また、児童心理治療施設の心理治療の専門性を活用してもらうべく、教育委員会に施設の心理士を派遣し地域の巡回相談や保護者との面接、地域の学校へのコンサルテーション等の実践を行っています。児童心理治療施設は虐待を受けた子どもたちの施設内でのケアだけでなく、地域の学校での児童虐待の早期発見・早期対応や特別支援教育の分野と連携した児童生徒理解の推進に資する必要性が高まっています。筆者は、児童心理治療施設はそのようなニーズや期待に応えながら、子どもたちのWell-beingの向上に寄与する施設でなければならないと考えています。

第6節　まとめ：心身の回復と成長

　児童福祉施設を利用している児童生徒は心身にさまざまな課題を抱えています。このことは児童福祉施設を利用している子どもたちだけの問題と言えるでしょうか。児童相談所での児童虐待の相談対応件数の97.9％の子どもたちは児童福祉施設を利用しているわけではなく、地域、家庭で生活をしています。しかし、多くの子どもたちは家庭環境、親自身の育ちの問題や精神疾患等の問題、経済的な問題などのさまざまな課題を抱えています。勤務している校区内の児童福祉施設の有無にかかわらず、育ちの課題を抱えた児童生徒について認識し、彼らの対応について理解を深めることは、教師としてのスキルアップにもつながることになることでしょう。もしかしたら、つらいときに助けてもらえず安心できなかった経験や、助けを求めても裏切られた経験をしている児童生徒は身近にいるかもしれません。どうせ相談してもひどい目にあうだけだと思い込んでいる児童生徒、警戒心と寂しさの狭間にいる児童生徒、嫌なことに立ちむかえるだけの力がなく避ける傾向がある児童生徒、些細なことでキレて静まりにくい児童生徒、彼らは、本当は自分自身のつらさをわかってくれる人を探しているのかもしれません。児童生徒の問題提起行動の背後にあるものに気づくこと、子ども達のもっているストレングスに目を向けること、そして子どもの声に耳を傾け共感することが大切だと思います。

　私たちもうれしい出来事を誰かと共有できるとその気持ちは大きくなります。ですから、育ちに課題を抱えている児童生徒とも、学校で楽しかったことを共有したり、達成感を得たことをともに喜んだり、そのうれしい気持ちを増やすかかわりが有効ではないでしょうか。また、苦しいことを分かちあえると苦しさを小さくできるかもしれません。失敗したときこそ、叱責ではなく「一緒に考えよう」という姿勢が大切でしょう。児童生徒が苦しいとき、ピンチのときに受け止められたという経験が、「この人なら私を見守ってくれる、信じてもよいのではないか」という感覚につながり、他者を信頼する感覚や社会に対しての安心安全や信頼を育むことになります。

　そのためには、児童生徒を支援するさまざまな専門家が連携し、児童生徒の

さまざまな反応や行動を受け止めて理解し、子どもたちの声に耳を傾けながら接することで、彼らが「世の中は捨てたもんじゃないなぁ」、「生きてても楽しいなぁ」という感覚を育むことが児童生徒の未来をつくる礎になることでしょう。児童相談所や児童福祉施設の職員と異なり、学校の教師は児童生徒の成長を継続的に支える専門職です。傷ついた子どもの心身の回復に教育の観点から取り組み、子どもが真ん中にいる社会を形成していけるよう、教師がその中心的な役割を担っていくことを期待しています。そして、子ども達とともに、私達も成長していきましょう。

> ▶▶ **ディスカッショントピック**
> ① 貧困などで困っている児童生徒やその家族に対してあなたが生活している地域にはどのような社会資源がありますか？ どのような方々が活動をされているでしょうか？ 具体的に考え、情報を集めてみましょう。
>
> ② あなたが接している「困った子」の良い所、長所となることを10個探してみましょう。

【引 用 文 献】

こども家庭庁（2022）令和4年度児童相談所における児童虐待相談対応件数
　　https://www.cfa.go.jp/assets/contents/node/basic_page/field_ref_resources/a176de99-390e-4065-a7fb-fe569ab2450c/b45f9c53/20240926_policies_jidougyakutai_26.pdf
こども家庭庁（2024）社会的養育の推進に向けて．
　　https://www.cfa.go.jp/assets/contents/node/basic_page/field_ref_resources/8aba23f3-abb8-4f95-8202-f0fd487fbe16/ee50d312/20240906_policies_shakaiteki-yougo_107.pdf
厚生労働省（2024）国民生活基礎調査
　　https://www.mhlw.go.jp/toukei/saikin/hw/k-tyosa/k-tyosa23/index.html

Chapter 11
 性の多様性のとらえ方

> 「性の多様性」や「LGBTQ+」という言葉は市民権を獲得し、知らない人はほとんどいないかと思います。しかし、性の多様性に関する理解のあり方や社会の動きは現在急速に展開しているため、すべての知識を正しく説明することは学習している者でも難しいです。性の多様性とはなにか？ 教師はどのように向きあえばよいのか？ 答えが定まらないこれらの疑問に本章は少しだけ寄り添い、性の多様性に関する現在の知識の一部と、諸課題への向きあい方の一案を示します。

▼▲ 第1節　性の多様性に関する現状　▲▼

　性の多様性への理解の深まりや性的マイノリティへの支援の充実は社会全体で求められており、教育現場も例外ではありません。生徒指導提要改訂版で、「性的マイノリティに関する課題と対応」を求めることが明記されたことから（文部科学省，2022）、教師が性の多様性への理解を深めることは、特に重要性が増したといえます。

　しかし、最近の性の多様性に関する社会の動きは目まぐるしく、良くも悪くもさまざまな情報が飛び交っています。戸籍や結婚、子育て、LGBT理解増進法に関わる報道は連日のようにみられ、教育現場でも、制服の変更や、教科書における心や体の発達に関する記載が俗にいう「男女」のみであることへの批判などが取り上げられるようになりました。これらのトピックが取り上げられるとき、メディアやSNSはおおむね正しい理解とよい方向性を示していますが、なかには差別や偏見の潜む言動があります。「よかれと思って」誰かが言ったことや行ったことが、実際には性的マイノリティを傷つけていた、ということも少なくありません。

▼▲ 第2節　性の多様性の基礎知識 ▲▼

　そのため、差別偏見に少しでも気づけるための性の多様性に関する基礎的で正しい知識を示すことから試みます。この節を読めば、すべての差別偏見を防げるわけではありませんが、減らすことはできるかもしれません。

1.「性」とは何か

　まず、「性」とは何か、について説明します。いくつかの定義が可能ですが、本章のタイトルに則ったとき、「多数の要素の組み合わせであり、ひとりひとり異なるもの」と表現できます。図11-1は、ジェンダー・ユニコーンと呼ばれる、自分の性について考えるワークシートになります（Trans Student Educational Resources, 2015）。ワークシートをみると、5つの要素から自分の性を考えることができるようになっています。また、各要素は、女性、男性、その他の性がどのぐらい自分にあるか、それぞれの程度の組み合わせで考えられ

図11-1　ジェンダー・ユニコーン（The Gender Unicorn（Trans Student Educational resources, 2015）より引用）

るようになっています。ジェンダー・ユニコーンだけみても、「多数の要素の組み合わせ」の意味が伝わるかと思いますが、このワークシートにみられる要素は、あくまで性の一側面にすぎません。「マスターベーションのときに誰を想像するか」や「実際の性行為の相手は誰か」、「自分の住む地域ではどのような性のあり方が重視されているか」、「恋人関係にある人数は何人か」なども、自分の性を考える大事な要素です（Klein, 1993/1997; Mardell, 2016/2017）。性とは決して「男女」では表現できず、複雑で、多様なものであることがわかるかと思います。

2．用語の意味

　俗にいう「男女」以外の「性」のあり方には名前があり、一部の言葉は広く知られるようになりました。また、「男女」にも、その性のあり方に特別な名前がつけられています。表11-1は、近年認知されている、特定の「性」を表す言葉の例です（Mardell, 2016/2017）。特に、レズビアン、ゲイ、バイセクシュアル、トランスジェンダー、クエスチョニング、クィアは、「LGBTQ+（「男女」以外の者の総称として使用される言葉）」という言葉の頭文字に使用されているため、知らない人の方が少ないかもしれません。

　「LGBTQ+」という言葉を使うことによって、レズビアンやゲイ、バイセクシュアル、トランスジェンダー、クエスチョニング、クィアが、性の「代表」である、という誤解を招く可能性があります。そのため、性の多様性について理解を深めようとする講演などでは、「LGBTQ+」ではなく、「SOGI」、「SOGIE」という言葉を使用するようになってきました。Sexual Orientation（性的指向、身体的・感情的に惹きつけられる対象）とGender Identity（性自認、自分が考えるジェンダー）、Gender Expression（性表現、見た目が表すジェンダー）の頭文字をとった言葉です。「性」に関する複数の「要素」の頭文字から作られた「SOGI」、「SOGIE」という言葉には、決してLGBTQが代表ではなく、「性」のあり方が多様で、「一人ひとり異なる」ことを認めようとする社会の動きがより反映されています。

　教育現場では今のところ、シスジェンダーかつヘテロセクシュアル以外の者

表11-1 性をあらわす言葉の例（言葉がわからなくなったときのためのカンニングシート（Mardell, 2016/2017）より引用）

言　葉	言葉の説明
レズビアン	ほかの女性に魅力を感じる女性
ゲイ	明確に男性に魅力を感じる男性
バイセクシュアル	2つ以上のジェンダーに魅力を感じる状態
トランスジェンダー	ジェンダー・アイデンティティが出生時に決められた性別やジェンダーと一致しない人を指す総称
クエスチョニング	自分の性的指向や恋愛の指向、またはジェンダー・アイデンティティが不確かな状態
クィア	性的マイノリティの人々の一部が、社会的規範の枠外にある性的アイデンティティやジェンダー・アイデンティティを表現するために使う総称（またはアイデンティティ）
アセクシュアル	他人に対して性的魅力をほとんど、もしくはまったく感じない人の総称、または独立したアイデンティティの名称
パンセクシュアル	あらゆるジェンダー、もしくはすべてのジェンダーに魅力を感じられる状態
ポリアモリー	複数の人と関係を築くか、それを望むこと。あらゆる関係性と同じように、ポリアモリーを成立させるにはコミュニケーションや正直さ、同意が必要
シスジェンダー	ジェンダー・アイデンティティが、出生時に決められた性別やジェンダーと一致する人
ヘテロセクシュアル	男女。二元論的ジェンダーにおいて、自分とは違うもう一方のジェンダーに魅力を感じること

を表すとき、「性的マイノリティ」という言葉を使います。この言葉の使用も、マジョリティ―マイノリティの対立をもたらす可能性があるので、近年は使うことが避けられています。教育現場も「SOGI」、「SOGIE」という言葉を使っていこうという動きは着々とみられているのですが、ひとまず現状に則って、ここからは、シスジェンダーかつヘテロセクシュアル以外の者を表すとき、「性的マイノリティ」という言葉を用います。

3．性的マイノリティの人口

性的マイノリティはどの程度いるのでしょうか。これに関してはさまざまな議論があります。「左利きと同程度」で、約13人に1人ということがよくいわれていますが、日本のデータをみると、9.7％（電通グループ, 2023）と、より高い数字が出ています。アメリカの調査によれば、1997年以降に生まれた若者、いわゆるZ世代の約5人に1人は、性的マイノリティと認識している、とのことです（Jones, 2023）。もはやマイノリティとは呼べない状況かもしれません。もし、「自分は性的マイノリティに出会ったことがない」という認識をしている人がいるのならば、それはほとんどが誤りと思ってください。出会っていないのではなく、カミングアウトを受けてこなかっただけなのです。

4．性の流動性

性は流動的でもあります。性的指向や性自認、性表現は、出生以降変わらないものではなく、不連続で、突然の変更があったり、考え直されたりするものです（Diamond, 2007）。あなたも、私も、今の自分の性が1秒後には変わっている可能性があります。

▼▲　第3節　性的マイノリティに関する社会的課題　▲▼

性的マイノリティであることでどのような経験をするのでしょうか。ここからは性的マイノリティに関する社会的課題について概説します。

1．嫌悪（フォビア）

同性愛感情や行為、生まれもった性別と異なるジェンダー観、性役割、アイデンティティをもつことが、犯罪や差別偏見の対象となっていた文化圏では、フォビア（嫌悪）が意識的にも無意識的にも存在します。そのフォビアが、性的マイノリティへの攻撃のもととなります。また、フォビアは性的マイノリティのなかにも内在化されるため、自分自身で自分を傷つけることもあります。「自分がカミングアウトをしたら、いじめをうけるのではないか」と、性につ

いて話せなかったり、「性的マイノリティである自分が悪い」と否定的になったりします。もちろん、そのようないじめはあってはならないですし、性的マイノリティが悪いということは決してありません。

　日本も例外ではなく、このフォビアが存在しています。性的マイノリティへの理解の乏しさやフォビアによって、あらゆる施設の利用について「女」か「男」しか想定されていないことや、結婚制度が性的マイノリティにないこと、性的マイノリティへの身体的、精神的攻撃、「ホモ」、「おかま」などの言葉での攻撃、アウティング*が繰り返されてきたことなどは、公に理解されているかと思います。日高（2021）で示された2016年の調査では、10代の学校でのいじめ被害経験率は49.4％、自傷行為経験率は25.6％、不登校経験率は30.2％という結果が出ています。日高（2021）の調査で協力が得られた10代の人数は決して多いと言えないため、解釈に慎重になる必要はありますが、いかに性的マイノリティが困難な状況におかれているかが理解できると思います。

2．マイクロ・アグレッション

　このような公に理解された課題だけに向きあえば、性的マイノリティの困難が解消するわけではありません。近頃は、マイクロ・アグレッションという言葉が認知されるようになり、ありふれた日常にある、ちょっとした差別偏見の言動の積み重ねも、性的マイノリティに悪影響を及ぼすと言われています（Sue, 2010/2020）。例えば、「私、ゲイの友だちが欲しかったんだよね！」という言葉には、一見、性的マイノリティを肯定しているような印象をもちますが、"ゲイは一般の人とは違う、特殊なカテゴリーの人間だ"というメッセージも同時に与えています。こういった小さな攻撃（マイクロ・アグレッション）は、ひとつひとつはそれほど重大な問題にならないかもしれませんが、毎日のように起きれば、性的マイノリティが社会で生きることを難しくさせます。

3．アンコンシャス・バイアス

　われわれは「無意識」に、性的マイノリティを攻撃している可能性もあります。アンコンシャス・バイアスという言葉で、その無意識の差別偏見について

第11章　性の多様性のとらえ方　　173

も理解を深めようとする動きが出てきました。例えば、本を読むことや、講演会に出席することなどを通して理解を深めたとしても、実際に性的マイノリティに出会うと、言葉にならない抵抗感やモヤモヤが生じることがあるかもしれません。その抵抗感やモヤモヤ（アンコンシャス・バイアス）は、平静でない自分をつくったり、極度に緊張してぎこちないやりとりをしたり、その場をすぐに離れてしまったりなど、性的マイノリティにネガティブな影響を与える言動をつくると言われています。性的マイノリティに関する社会的課題の解消のためには、このようなマイクロ・アグレッションやアンコンシャス・バイアスに、一人ひとり向きあう必要があるでしょう。

▼▲ 第4節　学校現場における性的マイノリティへの対応 ▲▼

　学校現場では性的マイノリティに関する社会的課題にどのように向きあえばよいでしょうか。ここからはその向きあい方について、具体的に示します。

　まずは生徒指導提要や教育相談の基本的知識に準じた対応が求められるでしょう。表11-2は、文部科学省（2015）が示した、「性同一性障害に係る児童生徒に対する学校における支援の事例」になります。生徒指導提要改訂版では表11-2に示したことに加えて、学校における支援体制の充実や、必要に応じて性的マイノリティ児童生徒のサポートチームを作ること、保護者や教育委員会、医療機関と連携すること、卒業証明書などの現在性別欄が必須の書類では児童生徒が不利益を被らない対応をすること、児童生徒や周囲の状況に応じて個別対応をすることなども求めています（文部科学省, 2022）。もちろん、第Ⅰ部で詳述された教育相談における基本的知識の活用も重要です。これらの知見を活かした対応は、しっかりと行われるべきです。

▼▲ 第5節　性に「敏感」で「肯定的」であること ▲▼

　マニュアルどおりの方法で性的マイノリティの児童生徒の支援を完全に行えるわけではありません。これまでに述べたとおり、私たちは性的マイノリティ

表11-2　性同一性障害に係る児童生徒に対する学校における支援の事例（文部科学省，2015より引用）

項　目	学校における支援の事例
服装	・自認する性別の制服・衣服や、体操着の着用を認める。
髪型	・標準より長い髪型を一定の範囲で認める（戸籍上男性）。
更衣室	・保健室・多目的トイレ等の利用を認める。
トイレ	・職員トイレ・多目的トイレの利用を認める。
呼称の工夫	・校内文書（通知表を含む。）を児童生徒が希望する呼称で記す。 ・自認する性別として名簿上扱う。
授業	・上半身が隠れる水着の着用を認める（戸籍上男性）。 ・補習として別日に実施、またはレポート提出で代替する。
運動部の活動	・自認する性別に係る活動への参加を認める。
修学旅行等	・1人部屋の使用を認める。入浴時間をずらす。

にマイクロ・アグレッションやアンコンシャス・バイアスを向けている可能性があるためです。それらの課題にはどのように向きあえばよいでしょうか。

　性的マイノリティ支援の世界では、性に「敏感」で「肯定」的であることの重要性が唱えられています（葛西・岡橋，2011；Palma & Stanley, 2002）。「敏感」である、ということは、性的マイノリティに関するさまざまな情報にアンテナを張ること、いつでも情報を拾える心がまえでいることを意味します。例えば、性的マイノリティに関するテレビや新聞の情報に反応したり、関連する映画やドラマを観たりすること、性的マイノリティ当事者の講演やレインボーパレードなどのイベントに参加することは、「敏感」さを高める絶好の機会となります。性的マイノリティへの理解が具体的に深まるため、マイクロ・アグレッションやアンコンシャス・バイアスを含む、教育現場での実際の攻撃や差別偏見に気づきやすくなるでしょう。このような、性的マイノリティに関する自分の理解を更新できる機会をもち、実際に起きているあらゆる差別偏見にすぐ気づけるための姿勢、「敏感」さを高めることは重要です。

　「肯定」的である、ということは、常に性的マイノリティの人権を理解し、肯定する立場でいようと努めること、を指します。カミングアウトを受けた児

童生徒の性に理解を示すだけでは十分ではありません。カミングアウトをしていない性的マイノリティも一定数おり、そのような児童生徒がいる可能性に意識と理解を向けていない状況で、マイクロ・アグレッションやアンコンシャス・バイアスが表出されます。学級図書に性的マイノリティに関する本を並べたり、性的マイノリティの尊厳を象徴するレインボーフラッグを教室に掲示したり、身につけたりすること、学級だよりに性に関する知識を書くことなど、自身が日常で性的マイノリティについて意識し、マイクロ・アグレッションやアンコンシャス・バイアスを減らそうとする姿勢が求められるでしょう。また、それらの言動は、性的マイノリティがこの学校、学級にいる可能性を理解している、私は味方であるなどの「肯定」的態度を児童生徒に伝え、カミングアウトしていない児童生徒が、「この先生になら話してもよいかも」と思うことにもつながるかもしれません。

▼▲ 第6節　アイデンティティの複雑さに「敏感」であること　▲▼

　ただし、あくまで性的マイノリティの児童生徒の個別性に応じた対応が必要です。ここからは、応用的な性的マイノリティへの向きあい方の一案を示します。

　最近は、アイデンティティの多元性や複雑さにも「敏感」であることが求められています（Granzka & Miles, 2016）。私たちは、性以外にも、人種や民族、国籍、地域性、経済的状況、職業・学校種、年齢など、さまざまなアイデンティティをもっており（多元性）、それぞれは複雑に関係しあっています。例えば、性的マイノリティの精神的健康に最も多大でポジティブな影響を与える機会のひとつといわれる、当事者同士の出会いや関係づくりの場面を想像してください。性的マイノリティ・コミュニティが充実した都市部に住んでいて、経済的に裕福な成人であれば、他の多くの性的マイノリティと出会う機会を比較的簡単につくることができ、満足した生活を得られやすいかもしれません。一方で、地方在住で経済的に余裕がない未成年であれば、なかなか性的マイノリティのコミュニティに参加できる機会をもてない可能性があります。このような多元

性、複雑性の観点から、性的マイノリティをひとくくりにせず、個別に異なる状況に置かれていることに目を向ける必要があると考えられます。

　アイデンティティの多元性や複雑さを理解していないときに教育現場で起こりうる例をあと3点ほど挙げます。まず、相談を受けるとき、「この子は性的マイノリティだから、きっとあらゆる原因は性にあるのだろう」と、誤って考える可能性があります。このような誤った姿勢で特定の集団とかかわることを「クリニカル・バイアス」と呼びます（Wisch & Mahalik, 1999）。性的マイノリティが性に問題を抱えているとは限らず、他の社会問題や環境、個人要因で悩んでいる可能性があります。アイデンティティの多元性が意識にないことで、このような誤った理解と支援を行うことにつながるかもしれません。

　「性的マイノリティだから悩んでいるに違いない」と思う可能性もひとつの例です。原因だけでなく、児童生徒の訴えたいこと自体も、性に関連することではない可能性があります。本人は取り上げたくないのに性のことばかりを聴いてしまえば、「この先生は何にも理解していない、わかってくれる気がない」と思われるかもしれません。

　「最近は性的マイノリティへの理解も深まってきたから、悩むことなんてないだろう」という言葉もよく耳にしますが、これもアイデンティティの多元性、複雑性を理解できていないひとつの例であるかと思います。確かに、性的マイノリティの理解は進みつつありますし、性的マイノリティであることによって得られる強みの研究も発展しようとしています（Vaughan & Rodriguez, 2014）。しかし、困難や障壁がなくなっているわけではありません。先ほど例として挙げたように、児童生徒の年齢層は、性的マイノリティのなかでも、社会的な理解の深まりを実感できていない場合があります。「悩むことなんてない」という言葉は、児童生徒にはしっくりこないかもしれません。性的マイノリティのおかれた状況が一人ひとり異なることに理解を深め、肯定的なことばかりではないことに想像をはたらかせる必要があります。

▼▲　第7節　性的マイノリティ児童生徒特有の困難と求められること　▲▼

　最後にもう少しだけ、性的マイノリティ児童生徒特有の困難と教育現場で求められることについて述べ、ディスカッションの素材としたいと思います。

　繰り返しになりますが、性的マイノリティは一人ひとり置かれている状況が異なります。特に、性的マイノリティ児童生徒は独自の課題を有している可能性があります。何度も例に挙げている他の性的マイノリティに出会う難しさについて、より具体的に話せば、最近は多くの地域で性的マイノリティの子ども・若者に特化した支援が行われるようになりました。出会える場はあるのですが、児童生徒によっては「保護者に何と言って外出するべきか」悩み、最終的に行くことをやめる場合があります（田中，2024）。支援が行われている会場まで行く道がわからなくなることや、お小遣いから交通費を出さなければならないなどの、物理的負担も考えられるでしょう。また、性的マイノリティの出会いの中心は近年SNSにあるため、メディアリテラシーがなければ、インターネット特有の被害を受ける可能性が高いです。児童生徒のスマートフォンを保護者に監視されることで、性的マイノリティであることが意図せずばれてしまうかもしれません。未成年の性的マイノリティ同士が出会うことには、たとえその機会があったとしても、独自で複数の高い壁が存在しています。

　日本の未成年の性的マイノリティ理解、支援に関する研究が少なく、参考にできる文献が少ないことも、性的マイノリティ児童生徒特有の課題のひとつです（田中，2022）。これまで本章で示してきた理解や支援に関する多くの文献は、外国の知見や事例、もしくは、日本の成人を対象にした研究になります。本章が本当に今の日本の性的マイノリティの児童生徒の実態を示すことができているのか、筆者にもわかりません。知見が少ないなかで、周囲も手探りで児童生徒とかかわらなければならないことは、ひとつの課題といえるでしょう。

　では、性的マイノリティ児童生徒に関する課題は未だ山積する現状で、求められることはなんでしょうか。この問いへの明確で具体的な答えは筆者ももっていません。多くの人が考えて、さまざまなアイディアが生まれていくことを期待しています。

具体的な方法はわからなくても、理解の普及はとにかく大事であると思います。これまでの例で言えば、保護者や地域の理解が深くなければ、児童生徒が性的マイノリティ同士で出会うことは結局難しいですし、支援や研究を積み重ねていくことも、その意義と重要性を学校全体で理解しておかなければ進めることはできないと思います。本章では主に教師に求められることを述べてきましたが、その理解が教師に限らず、広く伝わっていくことは重要でしょう。
　学校と地域支援団体とのつながりの強化も求められると思っています。これからの性的マイノリティ児童生徒のために理解の普及は大事ですが、今、困難を抱えている性的マイノリティ児童生徒を支えることも重要です。もちろん、教師というひとりの大人に支えられることは大きな力になるのですが、性的マイノリティ同士で出会ったり、学校で話しづらいことを話せる、外での居場所があったりすることを、児童生徒自身が求めている可能性は高いです。啓発・支援活動を行っている団体は、現在ほぼすべての都道府県にあり、そのような団体は児童生徒のニーズを満たせる可能性を大いにもっています。性的マイノリティ児童生徒と団体の仲介役を担ったり、団体と一緒に啓発・支援活動を行ったりして、今を生きる性的マイノリティ児童生徒の人権を守り、支援を行う必要もあると思うところです。

▶▶ **ディスカッショントピック**

　性的マイノリティ児童生徒を支えていくために、
① 今日からできること
② １年以内にできること
③ ５年以内にできること
を具体的に考えて、意見を共有してください。

*アウティング：性的マイノリティが秘密にしている性自認、性的指向、戸籍上の性別などが、本人の意図しないところで、第三者に開示されること。

【引用文献】

電通グループ（2023）電通グループ「LGBTQ＋調査2023」を実施．
https://www.group.dentsu.com/jp/news/release/pdf-cms/2023046-1019.pdf

Diamond, L. M. (2007) A dynamical systems approach to the development and expression of female same-sex sexuality. *Perspectives on Psychological Science*, 2 (2), 142-161.

Granzka, P. R. & Miles, J. R. (2016) The problem with the phrase "intersecting identities": LGBT affirmative therapy, intersectionality, and neoliberalism. *Sexuality Research and Social Policy*, 13 (4), 371-389.

日高庸晴（2021）多様性があたりまえの未来へ　国内最大規模のLGBTs調査結果から―LGBTsの学齢期におけるいじめ被害・自傷行為・自殺未遂経験の現状―．助産雑誌，75 (5)，370-375.

Jones, J. M. (2023) U.S. LGBT identification steady at 7.2%.
https://news.gallup.com/poll/470708/lgbt-identification-steady.aspx

葛西真記子・岡橋陽子（2011）LGB Sensitiveカウンセラー養成プログラムの実践．心理臨床学研究，29 (3)，257-268.

Klein, F. (1993) *The bisexual option*. The Haworth Press.（河野貴代美（訳）（1997）バイセクシュアルという生き方．現代書館）．

Mardell, A. (2016) *THE ABC's of LGBT+*. Mango Media.（須川綾子（訳）（2017）13歳から知っておきたいLGBT＋．ダイヤモンド社）．

文部科学省（2022）生徒指導提要（令和4年度改訂版）．

文部科学省（2015）性同一性障害や性的指向・性自認に係る、児童生徒に対するきめ細やかな対応等の実施について（教職員向け）．
https://www.mext.go.jp/b_menu/houdou/28/04/1369211.htm

Palma, T. V., & Stanley, J. L. (2002) Effective counseling with lesbian, gay, and bisexual clients. *Journal of College Counseling*, 5 (1), 74-89.

Sue, D. W. (2010) *Microaggressions in everyday life: Race, gender, and sexual orientation*. Wiley.（マイクロアグレッション研究会（訳）（2020）日常生活に埋め込まれたマイクロアグレッション―人種，ジェンダー，性的指向：マイノリティに向けられる無意識の差別―．明石書店）．

田中将司（2022）未成年のLGBTを対象にした研究倫理に関するレビュー―保護者の同意に代わる倫理的配慮―．臨床心理学，22 (6)，759-769.

田中将司（2024）LGBTQ＋グループ参加の未成年を対象にした場合の研究手続きの探索．日本心理臨床学会第43回大会発表論文集，121.

Trans Student Educational Resources (2015) The Gender Unicorn.
http://www.transstudent.org/gender.

Vaughan, M. D., & Rodriguez, E. M. (2014) LGBT strengths: Incorporating positive psychology into theory, research, training, and practice. *Psychology of Sexual Orientation and Gender Diversity*, 1 (4), 325-334.

Wisch, A. F. & Mahalik, J. R. (1999) Male thrapists' clinical bias: Influence of client gender roles and therapist gender role conflict. *Journal of Counseling Psychology*, 46 (1), 51-60.

Chapter 12
 児童生徒の性暴力の防止

　児童生徒の性暴力と聞いて、どのような場面を想像しますか？　児童生徒が家庭や地域で受ける性暴力被害や児童生徒間の性的加害や性的被害、さらには教師による児童生徒への性的行為など、学校が直面しうる課題は多岐にわたります。近年では、これらの問題に対する社会の関心が高まり、教育現場における適切な対応がますます重要視されているといえます。性暴力の問題は、生徒の心身の健全な発達に深く関わるため、教職員が正しく理解し、適切に対処することが求められますし、教師自身が児童生徒に対する性暴力防止の責任をもつ必要性も高まっています。本章では、学校での性暴力における学校の対応や、教師としての役割について考察していきます。

第1節　性暴力対策の強化の方針

　性暴力は被害者やその家族だけでなく学校をはじめとした地域社会に大きなショックを与える重大な事態です。また、その影響は長期にわたり被害者の心身を苦しめるものであり、性暴力は防止という言葉で取り組むのではなく、「根絶」に向けて取り組むべき社会問題でもあります。2021年までのここ10年間は日本における性犯罪や、そもそもの犯罪の数は漸減しています（図12-1）。ただ、その内訳をみていくと、少年による加害や、被害者が占める割合は、コロナウイルス感染が広まり始めた2020年を除き、高止まりしていることがわかります（図12-2）。ここ数年は漸増しているとも言えます。2023年は成人によるものも少年によるものも、性犯罪の数が急増していることは多くの人々にとって憂慮すべき事態であると言えるでしょう。

　このような実態を受けて、生徒指導提要改訂版では性に関する課題をひとつの章として取り上げ、性犯罪・性暴力対策の強化の方針、性に関する課題の早期発見・対応、性犯罪・性暴力に関する生徒指導の重層的支援構造、「性的マイノリティ」に関する課題と対応（本書第11章「性の多様性のとらえ方」参照）として説明しています（文部科学省，2022）。生徒指導提要改訂版に先立つ2020年4

図12-1　犯罪数と性犯罪件数

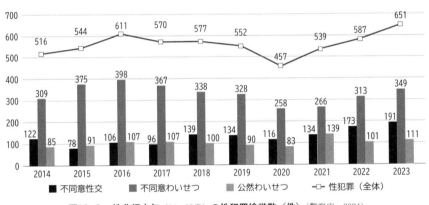

図12-2　性非行少年（14〜19歳）**の性犯罪検挙数**（件）（警察庁，2024）

月から開催された、内閣府、警察庁、法務省、文部科学省、厚生労働省の局長級で構成される「性犯罪・性暴力対策強化のための関係府省会議」では、性犯罪・性暴力対策の強化の方針が決定され、令和2年度から4年度までの3年間を性犯罪・性暴力対策の集中強化期間とし、法律のあり方、被害者支援、加害者対策、教育や啓発の強化などさまざまな事がらについて強力に推し進めることとされました。この方針は、性暴力被害者やその家族等の立場に立った、性暴力を撲滅しようという政府の決意であり、その具体化のひとつとして生命（いのち）の安全教育の教材と指導の手引きも作成しています。生命（いのち）

の安全教育についてはこのあとの第2節で取り上げます。

1．性暴力の早期発見と対応

　性暴力の早期発見と対応は「2．性暴力に関する重層的支援構造」で解説しているもののうちリアクティブな部分です（図12-3）。性暴力に限らず、児童生徒の困りごとや問題を早期に発見し対応することは、あらゆる相談活動の原則でもあります。

　性暴力被害は、被害児童生徒が自ら相談しに来たことで明らかになることもありますが、内閣府の調査では、性暴力被害を最初に相談した人や機関のうち最も多いものは、学校関係者ではなく家族や友人です（内閣府男女共同参画局, 2022）。性暴力被害を受けた場所は学校が最も多かったことを踏まえると、学校関係者に相談することにハードルを感じることは無理からぬことかもしれません。また、性というデリケートな事がらゆえ、なかなか自ら打ち明けられない、ということが多いものです。そのようなときの児童生徒の心理には、「恥ずかしい」、「何と言ったらよいのかわからない」というものもありますが、なかには「こんなことを相談したところでもうどうしようもない」と絶望した状態になっていることもあります。後者のような心理は、次節の予防教育や日頃のかかわりを通して、教師や周囲の大人に「相談すればなんとかなる」、「この人なら話せる」という認識をもつことができるよう働きかけていくことが重要です。

　また、児童生徒が直接性暴力被害を打ち明けなかったとしても、子どもは表12-1（p.196）に示したような態度や言動でサインを示すものです。教師はこのようなサインを見落とさないよう児童生徒を日々観察することが求められます。ただ、表にある反応や症状は性暴力被害を受けた場合に呈することが確かに多いと言えますが、これらは決して性暴力被害を受けたときのみに現れるものでもありません。例えば、落ち込んだり学業不振がみられたりするのは、いじめられているからかもしれません。家庭で家族のトラブルが起きているからかもしれません。勉強がわからなくて困っているからかもしれません。教師は児童生徒の様子を観察するなかで気になる様子が見られたとしても、そこにさまざ

まな可能性を考える必要があるわけです。その可能性のなかに、性暴力被害を受けたかもしれないと検討してみることが性暴力の早期発見につながるのです。

　性暴力発見後の初期の対応は気をつけておくべき点がいくつかあります。教師が陥りやすい心理については第4節で説明していますが、ここでは聞き取りのあり方と、保護者への連絡のあり方について述べます。

　教師が行う初期の対応としての聞き取りは何よりも、焦らず、そして聞きすぎないことです。性暴力被害に対する迅速な対応は重要だとしても、そのショックな出来事により動揺したまま、準備もなしに行き当たりばったりの対応になることは避けたいものです。ただ、教師が性暴力事件の情報を入手したら、学年主任や管理職へ連絡したのち校内の対応チームを編成し、そして保護者や関係機関への連絡をするという一連の手順は即日行うことです。聞きすぎないというのは、つらい体験を何度も聞かれたり話したりすることは被害者となった児童生徒の負担を考えても、また、聞き取り以後に行う関係機関への連絡が遅れてしまう可能性があることを考えても、避けるべきだというのは明らかです。しかしそれだけではありません。児童生徒に対する性暴力被害の聞き取りは、大人が聞けば聞くほど話す内容が変わってしまったり、大人の質問に誘導されて事実ではないことを話してしまったりすることがわかっています（仲, 2016）。つまり、性暴力の事実をしっかりと把握するためには、専門的な設定のもとで行う必要があるのです。ですから、教師は児童生徒から打ち明けられたとき、あるいは気になる行動について尋ねた際に性暴力の話が出てきたときは、「誰に」、「何をされた」ということだけ把握し、すぐに管理職や関係機関に連絡をすることが望ましいと言えます。

　保護者への連絡は電話やメールで行うのではなく、直接会って説明し話しあうことが重要です。迅速な連絡という面では電話やメールはよいかもしれませんが、性暴力被害という重大な事態にあっては、直接会うことでショックや傷つきを経験する保護者を支えることにもつながります。自分にとって向きあうことが苦しい情報を無視したり過小評価したりするという認知の特性を心理学用語で正常バイアスといいます。性暴力事件の対応に際しては、正常バイアスが働くことも意識し、保護者に対し楽観的観測や安易な解決を約束しないよう

にしなければなりません。事実から目を背けることで、結果的に関係者がさらに苦しむことにつながりうるのです。

2．性暴力に関する重層的支援構造

　性犯罪や性暴力に対する学校での対応は、教育相談の観点から、第1章（p.20 図1-3）で解説した重層的支援構造でとらえることができます（図12-3）。第1層の発達支持的生徒指導では、すべての児童生徒を対象に、性暴力を撲滅する意識をもつことができるよう、自他を尊重した人権意識や生命を尊重する働きかけを行います。第2層の課題未然防止教育では、生命（いのち）の安全教育を中心とした、性暴力の未然防止のために何ができるか・何をすべきかを考え、行動する力をつける働きかけを行います。第1層と第2層は教育相談や生徒指導の基本的な仕組みでもある、常態的なプロアクティブな支援です。第3層の課題早期発見対応では、児童生徒の性暴力被害あるいは加害を早期に発見するための取り組みで、普段の教師の児童生徒を見守る観察によってなされるもののほか、アンケートの実施や種々の校内のチーム（学年部や教育相談部など）での議論や情報共有のなかで進められます。第4層の困難課題対応的生徒指導では、実際に起きた性暴力被害や加害への支援介入で、性暴力という深刻

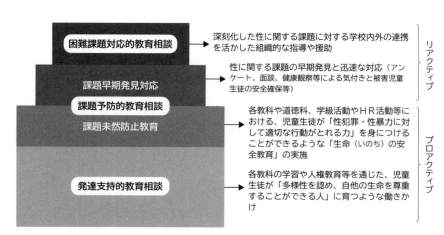

図12-3　性暴力に関する重層的支援構造

な事態であることを踏まえると、必然的に学校内・外のチームによる連携が行われます。この第3層と第4層は即応的、リアクティブな支援です。

3．児童生徒の性暴力

　性暴力の加害は大人だけではなく、児童生徒が加害者となることもあります。児童生徒の性暴力はどうして起こるのかと問われると、一般的には、「アダルトサイトの情報に影響されたのではないか」とか「性欲が高まったからではないか」などと単純化してとらえられがちです。しかしながら性暴力行為はさまざまな要因が影響して生じるものです。例えばアダルトサイトの閲覧や意図しない暴露は確かに性暴力の発生に関連することがわかっていますが、それ単独では発生が説明できないこともわかっています（Ferguson, et al., 2022）。

　では児童生徒が起こす性暴力はどのように理解することができるでしょうか。学童期の児童と、思春期・青年期にあたる中高生の性暴力による加害行為の発生影響因は異なることが知られています。幼児を含む学童期の児童と思春期青年期の中高生の性暴力の発生メカニズムについてみておきましょう。

　学童期の児童の性暴力や性加害の発生と持続には、①衝動コントロールの問題を抱えていること、②虐待やDVの目撃など暴力による人間関係の学習をしていること、③精神疾患等により保護者の子どもを監督する能力やしつけの問題があること、④アダルトコンテンツの閲覧や暴露など性やセクシュアリティに関する誤った学習をしていること、これら4つが関係して生じうると考えられています（Friedrich, 2003）。さらにトランブレイら（2020）は、児童の性加害の種類と深刻度には、非性的な被虐待体験と乱暴な言動などの外向性問題行動が影響していることを明らかにしています（Tremblay, et al., 2020）。被虐待などの逆境的な環境で育った生い立ちが性加害の発生に関連することは、フリードリヒが見出した要因と同じものですが、これに加え外向性問題行動によって性暴力の問題は複雑に、より深刻になってしまうのです。児童の性暴力を考えるときには、逆境的な環境での育ちを念頭におきつつ、性の問題行動とその他の問題行動を分けて考えるのではなく、どちらも関係するものとして目の前の児童生徒の訴えを理解していく必要があるのです。

中高生の性暴力の発生の影響因は学童期よりも複雑になります。例えば、アダルトサイトの影響は限定的であることは先に述べたとおりですが、その影響力は児童期よりも少し強くなることもわかっています（Loutzenhiser, et al., 2024）。そのため、これまでの研究を集約して共通する要因を明らかにしようとしてきた研究であっても、性暴力を行う中高生の特徴は多様であるという結論になっています（Becker, et al., 1993）。それでも多くの研究で確認された中高生の性暴力に共通する背景要因には、身体的被虐待歴、ネグレクト、DVの目撃といった逆境的な生い立ちがあることがわかっています。さらに彼らは深刻な抑うつ状態にあることもしばしばで、衝動制御に問題を抱え、性暴力以外の問題行動を抱えていることも多いようです。また、個々の性暴力の背景をみていくと、仲間の同調圧力、いわゆるピアプレッシャーが大きく関連しているケースや、性やセクシュアリティについて自己中心的な傾向のみられる認知の歪みがあることも少なくありません。児童の性暴力同様、中高生の性暴力もその発生の理解には個別具体的な検討が必要ですが、重要なことは、性暴力を行った彼らは何にもまして「子ども（未成年）」であることを忘れないことです。大人の性犯罪者の刑事罰のような仕組みで罰したり地域から排除したりすることで解決しようとすることは、性暴力事件によるショックで傷ついた大人の早くどうにかしたいという心理によるものの可能性もあり、適切な対応とは言えません。

▼▲　第2節　生命（いのち）の安全教育による予防教育　▲▼

　性暴力加害者への対応、性暴力被害者への支援は重要です。しかし、性暴力を発生させない、予防する教育・啓発はより重要なことです。そのためには、性暴力はあってはならないという社会意識を高めていくことが大切です。

　文部科学省は、2020年に決定した性犯罪・性暴力対策の強化の方針のうち「教育・啓発活動を通じた社会の意識改革と暴力予防」の一環として、生命（いのち）の安全教育を推進しています。文部科学省のウェブサイトには、生命（いのち）の安全を次のように説明しています。

> 生命の尊さを学び、性暴力の根底にある誤った認識や行動、また、性暴力が及ぼす影響などを正しく理解した上で、生命を大切にする考えや、自分や相手、一人一人を尊重する態度等を発達段階に応じて身に付けることを目指すもの

そして教育具体的な教材と指導の手引きが公開されています。幼児から高校生（大学生・成人含む）まで、各発達段階に沿った動画や資料といった教材や、授業の展開例が示されており、授業だけでなく教育相談や生徒指導においても活用が期待されます。幼児期からの教材と指導の手引きがつくられていることを踏まえると、性暴力の撲滅は発達の早期から取り組むべき課題なのだということがわかります。そしてこの取り組みは高校や大学の取り組みまでつながりがあり、継続して社会全体で考えていくべき事がらであることが示されているのです。各発達段階の教材の内容は、次のようなテーマに焦点が当てられています。

〈幼児期〉
- 「水着で隠れる部分」は自分だけの大切なところ
- 相手の大切なところを、見たり、触ったりしてはいけない
- いやな触られ方をした場合の対応　等

〈小学校〉
- 「水着で隠れる部分」は自分だけの大切なところ
- 相手の大切なところを、見たり、触ったりしない
- いやな触られ方をした場合の対応
- SNSを使うときに気を付けること（高学年）　等

〈中学校〉
- 自分と相手を守る「距離感」について
- 性暴力とは何か（デートDV、SNSを通じた被害の例示）
- 性暴力被害にあった場合の対応　等

〈高校（大学・一般）〉
- 自分と相手を守る「距離感」について
- 性暴力とは何か（デートDV、SNSを通じた被害、セクシュアルハラスメントの例

示）
- 二次被害について
- 性暴力被害にあった場合の対応　等

　生命（いのち）の安全教育の目標は次のように示されていますが、性暴力の当事者には加害者と被害者だけでなく、傍観者も含まれていることもあります。いじめの問題でもしばしば議論されることですが、性暴力を含む暴力事件には傍観者の存在が影響しうることは重要な点です。

> 生命（いのち）の安全教育の目標
> 性暴力の加害者、被害者、傍観者にならないようにするために、生命の尊さを学び、性暴力の根底にある誤った認識や行動、また、性暴力が及ぼす影響などを正しく理解した上で、生命を大切にする考えや、自分や相手、一人一人を尊重する態度等を、発達段階に応じて身に付ける。

　留意しておくべきことは、学校で児童生徒の性について取り扱う際には、全体で認識すべき課題と、個々の児童生徒の課題は異なることがあり、年齢だけで個々の児童生徒のニーズを理解しないようにすることでしょう。また、重層的支援構造のうち、第1層と第2層にあたるものであり、すべての児童生徒を対象に教育活動を行いますので、なかにはその教育活動のなかで過去や現在の被害体験を想起し調子を崩してしまう児童生徒がいることも考えられます。全体への働きかけとともに、個々の児童生徒の様子の把握もできるよう心がけましょう。

第3節　教職員等の児童生徒性暴力等の防止について

1．児童生徒性暴力等防止法

　2022年4月1日に「教育職員等による児童生徒性暴力等の防止等に関する法律（令和3年法律 第57号）」（以下「児童生徒性暴力等防止法」）が施行されました。この背景には教職員等による児童生徒らに対する性暴力による懲戒処分が後を絶たないことがあります（図12-4）。ただ、その年ごとに多少の違いはありますが、教師の犯罪率は一般の人々と比べると、一般の人々が0.2％程度であるの

と比べると約0.04％と非常に低く、期待されているとおり、教師は規範的な人がほとんどだと言えます（須藤，2015）。しかしながら、性犯罪に限定してみてみると、教師の犯罪の約30％を占めます。つまり、教師は一般的に犯罪行動を起こす可能性は低いけれども、性犯罪は教師の犯罪行動のなかでも主要なものだと言えそうです。グラフからわかるように、この10年間では毎年200件以上の性暴力事案で教師らが懲戒処分を受けています。この数値をどう考えるとよいでしょうか。全国の教師の数からみると約200件というのは発生率として0.01〜0.03％程度です。発生率からみるとまれにしか生じない事がらだとも主張できるかもしれません。しかしながら、教師の性犯罪が1件でも起きれば、児童生徒が深く傷つくことはもちろん大きな問題ですし、それだけでなく、教師が地道に紡いでいる日々の教育活動の信頼が失われてしまうことにもつながります。児童生徒に対する性暴力撲滅のためには、教育の現場に臨むものとしてたとえ1件でも多すぎる（one too many）という態度をもつことが必要でしょう。

　この法律の目指すところは、教職員等の児童生徒等に対する性暴力等の防止等に関する施策を推進し、児童生徒の尊厳や権利を守ることです。この目的を達成するために、（1）児童生徒性暴力等の防止に関する措置、（2）早期発見・対処に関する措置、（3）児童生徒性暴力等が原因で免許状が失効・取上げとなった者に対する教員免許状の再授与等について述べられています。

　児童生徒性暴力等防止法では、児童生徒性暴力等を次のように定義しています。

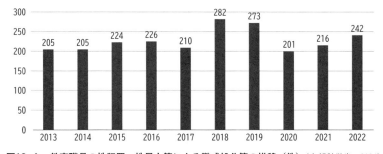

図12-4　教育職員の性犯罪・性暴力等による懲戒処分等の推移（件）（文部科学省，2024）

> ①児童生徒等に性交等をすることまたはさせること
> ②児童生徒等にわいせつな行為をすることまたはさせること
> ③児童ポルノ法違反に該当するもの
> ④児童生徒等に対する痴漢行為または盗撮行為
> ⑤児童生徒等に対する悪質なセクハラ等

　セクハラも含まれていることからもわかるように、児童生徒性暴力等防止法での性暴力は、刑事罰となるような狭義の性犯罪だけに限定されていません。教師らの言動で児童生徒が性的に傷つきや不快を経験したものはすべて児童生徒性暴力として対応することになります。そして、児童生徒の同意や脅迫の有無を問うて判断されるものではないため、子どもを対象とした性犯罪者がしばしば訴える「同意をした上での行為だった」、「純粋な交際だった」などは通用しません。また、基本理念には学校の内外を問わず児童生徒を性暴力から守ることを掲げていますので、学校の教師や職員だけでなく、地域のスポーツクラブのコーチなども対象となっています。

（1）児童生徒性暴力等の防止に関する措置

　児童生徒性暴力は起きないことが最も望まれることです。予防的取り組みとして、学校現場で働く教職員だけでなく、教師を目指す教職課程に在籍する大学生への啓発活動があります。また、児童生徒らに対しても、自分の身体を侵害されてはならないこと、そしてそのようなことがあった場合は児童生徒は保護され支援が行われる仕組みがあることを教育することが求められます。

　児童生徒性暴力等防止法で新たにつくられた仕組みのひとつに、特定免許状失効者等に関するデータベースの整備と活用があります。特定免許状失効者というのは、児童生徒に対して性暴力を行ったことで教員免許状を失効した、あるいは免許状取り上げ処分となった者を言います。特定免許状失効者の情報は国が整備するデータベースに登録されます。教職員を雇用する際には、このデータベースを活用したうえで判断されることとなっています。そのため、過去に性暴力を行って失職した教師が再度教職に就く際には、その人が児童生徒性暴力を再び行わないと言える蓋然性の検討が必要となるのです。

　防止に関する措置には、児童生徒性暴力等対策連絡協議会の設置の定めも含

まれます。これは関係機関の連携を図ることを目指して、学校、教育委員会、都道府県警察、その他の関係者によって構成されるものです。

（２）早期発見・対処に関する措置

児童生徒に対する性暴力の早期発見のためには、定期的な調査の実施や、通報や相談を受けつける体制を整備することが重要です。そして相談を受けたならば学校や教育委員会への速やかな通報を行うことが求められます。犯罪の可能性がある場合は警察署に通報しますが、最初の段階で速やかに判断することが期待されます。教師は相談を受けるとき、児童生徒を守るスタンスで種々の配慮を行うことが重要です。性暴力等を受けた、あるいは受けた可能性のある児童生徒を守るためには、医療、心理、福祉、法律の各専門家と連携することも不可欠です。その支援は、児童生徒に対してはもちろん、児童や彼らの保護者に対する継続的な支援も必要です。

（３）児童生徒性暴力等が原因で免許状が失効・取上げとなった者に対する教員免許状の再授与等

特定免許状失効者等には、問題が改善したという判断がなされ、再び免許状を授与することが適当だと認められる場合に、再び免許状を授与することができることになっています。その判断には、加害行為の重大性、本人の更生の度合い、被害者とその関係者の心情等に照らして総合的になされます。そして問題が改善したと判断された場合、都道府県教育委員会（授与権者）は、免許状の再授与が可能となっています。再授与にあたっては、都道府県教育委員会に設置されている都道府県教育職員免許状再授与審査会の意見を聴くこととなっています。重要なことは、改善更生を説明する責任は性暴力事件を起こした本人にあることです。

２．教師の児童生徒に対する性暴力は誰の問題か

教師の性暴力加害の撲滅について考えようとすると、教師や教職を目指す学生の多くは、「自分は決してそのようなことはしないから大丈夫！」、「そういった問題を抱えている人の課題でしょう？」などと反応しがちです。実際にほとんどの教師が性暴力加害者になることはありません。ただ、ひとりの教師と

してこの問題が教育の現場に存在するという事実を見つめたとき、本当に自分には関係がないことなのでしょうか。

　教師による性暴力の発生要因についての研究では、性暴力事件を起こした教師に共通する特徴を挙げているものがあります (Chan, 2018; Christensen & Darling, 2020など)。その共通する特徴には、仕事のストレスを多く抱えていることや、うつや不安が強くなっていることなど個々のメンタルヘルスにかかわることや、メンタルヘルスに影響しうる過去の逆境的体験などのほか、現在の家庭に不和があったり、あるいは対人スキルに課題を抱えていたりすることも少なくないことが報告されています。精神症状や不和といったネガティブなキーワードだけでなく、リーダーや責任者を任され、児童生徒に慕われていた教師でも、そのプレッシャーにがんじがらめになったような心理を抱えていることもあります (Wurtele, et al., 2019)。ここで言いたいのは、加害者が厳しい状況にありがちなので同情すべき部分がある、ということではありません。仕事のストレスを多く抱えていても、ほとんどすべての教師は性暴力を振るいません。そうではなく、そのようなストレッサーを抱えた教師には苦しい状態が生まれることが想像できるのではないかということです。例えばそれは不全感かもしれませんし、こんなに苦しいのは自分だけだと感じるような孤立感かもしれません。あるいは単純にイライラしてしまうとか、そういったものがいろいろ合わさって自分の業務がうまくいかないという仕事の悪循環があるかもしれません。つまり、ストレッサーから性暴力加害という直接の因果関係ではなく、ストレッサーのあとにその影響としてその教師を取り巻く苦しい状態があり、(もちろんそのあとにもさまざまな要因があるでしょうが) その先に性暴力加害が生じうるということです。教師の生い立ちや現在の家庭の状況に踏み込むことはありませんが、隣の席の同僚教師がさまざまなストレッサーによって困難を抱えているのであれば、チームメイトである教師には何かできることがあるのではないでしょうか。教師の性暴力事件の30％以上は勤務時間内で生じているという事実もあります (文部科学省, 2024)。つまり、教師の児童生徒に対する性暴力は「自分はしないから関係ない」といった他人事ではなく、「私はこの学校から性暴力を出さないために貢献する責任をもったひとりの教師なのだ、これ

はチームの問題なのだ」ととらえることが可能なのではないでしょうか。

▼▲ 第4節　性暴力の被害を受けた児童生徒への対応 ▲▼

　性暴力被害を受けた児童生徒がどのような反応を示すと考えられるでしょうか。ひどく傷つく経験をしたわけですから、目に見えて心配な様子を呈することを想像するのではないでしょうか。実際、頭痛や腹痛、吐き気や食欲不振といった身体症状をはじめ、落ち着きがなくなったり不安が強くなり引っ込み思案になったりするなどという行動に現れる症状、そして抑うつ、怒り、恐怖、罪悪感といった心理的な症状を示すことはみられやすい反応です（表12-1）。

　ただ、性暴力被害を受けた児童生徒のなかには、暴力とはいえ外傷などは外側から目立たないようなこともあります。また、そもそも被害を打ち明けることは困難な出来事ですので、被害が明らかとなったあとも、つらい気持ちや症状を周囲には見せないようにと、普段通りの学校生活を送るような努力をすることもしばしばあります。学校生活を通常どおり送ることができているのをみると、教師は大したことがなかったのだろうかと感じることもあるかもしれませんが、被害者の心情や状況はさまざまな可能性があることも忘れないようにして支援していきましょう。

　たとえ教師が性暴力被害を"大したことがなかったのかな"などと思うようなことがなかったとしても、性暴力によって傷つけられるのは、被害者となった児童生徒だけではないことを理解しておくことも重要です。つまり、児童生徒の被害を知った教師もまたショックを受けることなのです。それによって、教師の側にもさまざまな反応や、とってしまいがちな行動があります。教師が性暴力被害を受けた児童生徒とほとんど同じような傷つき体験や症状を呈してしまうこともありますが、児童生徒を支える立場であるがゆえの反応もあります。例えば、性暴力は誰も起きてほしくないと思っています。そのため、現実にそれが起こったとなると、その事実を認めたくないという心理的な力が働きます。すると、児童生徒を傷つけた性暴力や加害者への怒りや、それに対して防ぐことができなかった自分へのやるせなさも手伝って、児童生徒の話を信じ

表12-1 性暴力被害を受けた後に出現しうる症状

身体面の反応や症状 頭痛、腹痛、下痢、吐き気、不眠、悪夢、倦怠感、過呼吸、食欲不振、性器の痛みや炎症、性感染症、夜尿、吃音、めまい、微熱など
行動面の反応や症状 落ち着きのなさ、引っ込み思案、自傷行為、退行、性化行動、物音への過敏さ、特定の場所を避けるなど
心理面の反応や症状 抑うつ、無気力、無力感、不安、恐怖、自責感、罪悪感、孤立感、不信感、怒り、イラだち、混乱、感情の鈍麻など
生活態度への反応や症状 不登校、外出を嫌がる、集中力の低下、授業を抜け出す、学業不振、昼夜逆転、よそよそしい態度、物忘れが増える、反抗的態度、高揚した態度など

（注）性化行動：性的な言動やしぐさが増加する行動

られなかったり、とっさに「どうして逃げなかったの？」などと被害者である児童生徒を責めてしまったりすることも起こりうるのです。たとえ性暴力被害を受けた児童生徒を責めるような言動をとらなかったとしても、驚きのあまり「えぇ、本当！」、「うそっ！」などと驚愕反応を示すこともありますが、これもあまりよいことではありません。児童生徒はまずいこと、大ごとになるような話をしてしまったという認識をしてしまい、それ以上話をしなくなってしまう可能性もあるからです。同様に、たとえ性暴力や性暴力加害者を非難する意図で強い怒りや、あるいは被害を受けた児童生徒に対して大げさに「本当にかわいそうに」と強い感情を表現することも、児童生徒は深刻なことを話してしまったという認識をもってしまう可能性があります。重要なことは、教師の側にさまざまな感情が惹起することは仕方ないとしても、性暴力を含め、そのような感情体験が起こりうることを知っておくことです。それによって、より適切に児童生徒を支えることができるようになるのです。

　教師が性暴力被害について正しい知識と態度をもっていたとしても、性暴力被害を受けた児童生徒の支援は、教師ひとりではもちろん、学校だけでも難しいことがほとんどです。そのため、児童生徒の状況に応じて専門機関との適切な連携が望まれます。間違ってはならないのは、外部機関との「連携」であり

「委任」ではないということです。校内性暴力被害対応のチームをつくり、学校で行うべきことを検討し、外部機関と連携を進めていく必要があります（藤森・野坂，2023）。対応チームは生徒指導部、教育相談部、保健部（養護教諭）などで構成し、それぞれの組織の役割を明確にし、分担して業務に取り組むことのできる、実効性のある体制をつくることが重要です（文部科学省，2022）。そのためにも教師は教育の領域での専門知識を身につけるだけでなく、関係機関がどのような機能をもっていてどのような協働ができるのか知っておく必要があります。例えば、警察は被疑者を逮捕したり取り締まりを行ったりというイメージが強いと思いますが、種々の問題の相談機能もあります。以下に文部科学省が挙げている代表的な相談機関を示しています（表12-2）。

表12-2　性暴力に関する相談機関

相談機関	機関概要	連絡先
性犯罪被害相談電話	性犯罪の被害等の相談に対応。発信場所を管轄する都道府県警察の性犯罪被害相談電話につながる。	＃8103（ハートさん）
警察相談専用電話	近くの都道府県の警察本部等の総合窓口に直接つながる。	＃9110 ※最寄りの警察署でも対応
性犯罪・性暴力被害者のためのワンストップ支援センター	性犯罪・性暴力に関する相談について、関係機関と連携し、産婦人科医療、相談・カウンセリング等の心理的支援、捜査関係の支援、法的支援等を実施（各センターによって支援内容は異なる）。	＃8891（はやくワンストップ） ※全国共通番号 ※最寄りのセンターにつながる
児童相談所	子どもに関する家庭その他からの相談に対して、子どもが有する問題や子どもの置かれた環境の状況等に応じて、必要な支援を実施。	189 ※最寄りの児童相談所につながる
子どもの人権110番（法務局・地方法務局）	子どもの人権問題に関する相談について、事案に応じて関係機関と連携し、被害児童の保護を図るなどの措置を実施。	0120-007-110 ※最寄りの法務局・地方法務局につながる
子どもの人権SOSミニレター（法務局・地方法務局）	全国の小中学校の児童・生徒を対象に、相談専用の便せん兼封筒である「子どもの人権SOSミニレター」を配布し、子どもたちがミニレターに書いて送付した悩みごとの相談に対応。	最寄りの法務局・地方法務局
女性の人権ホットライン（法務局・地方法務局）	女性の人権問題に関する相談について、事案に応じて関係機関と連携し、被害女性の保護を図るなどの措置を実施。性的画像を含むインターネット上の人権侵害情報の削除などの相談にも対応。	0570-070-810 ※最寄りの法務局・地方法務局につながる ※インターネットで相談可
犯罪被害者支援ダイヤル（日本司法支援センター（法テラス））	被害に遭われた方やご家族の状況等に応じて適切な法制度や相談窓口を紹介。	0570-079714（なくことないよ） ※IP電話からは03-6745-5601 ※メール問合わせも可

※NPO等の民間団体を含め、上記以外の相談機関に相談することも可能である。内閣府男女共同参画局ウェブサイト（以下）等でも、相談窓口を案内している。https://www.gender.go.jp/policy/no_violence/vaw/consult.html

> ▶▶ **ディスカッショントピック**
> 次の性被害事案について議論しましょう。
> 　女子中学生のAは同級生や同性の友人はほとんどおらず、年上の男子生徒と過ごすことが多い生徒でした。また、遅刻がしばしばあったり、夜間徘徊で警察に補導されたりすることもありました。ある日いつも一緒にいる年上男子生徒に性行為をしようと言われ、Aは「いいよ」と答え性行為をしました。しかしそれからAは学校に登校しなくなりました。担任教師が家庭訪問をしたところ、Aは年上男子生徒と性行為をしたこと、それを思い出すだけで非常に苦しいということを話しました。しかしながら、年上男子生徒は同意のもとで行ったことだと主張しました。
>
> ① Aが抱える苦しさについてあなたはどのように感じますか？
>
> ② 学校教師としてAを支援する場合、どのようなことに気をつけるべきだと思いますか？

【引用文献】

Becker, J. V., Harris, C. D., & Sales, B. D. (2013) Juveniles who commit sexual offenses: A critical review of research. In:G.C. Nagayama-Hall, J. Hirschman, J. R. Graham, & N. S. Zaragoza (Eds.) *Sexual aggression: Issues in etiology, assessment, and treatment.* PA: Taylor & Francis. pp. 215-228.

Chan, H. C. O. (2018) Understanding sexual violence: The role of causal and precipitating factors in sexual offending. In A. J. Treviño (Ed.) *The Cambridge Handbook of Social Problems, 2*, pp. 269-286.

Christensen, L. S., & Darling, A. J. (2020) Sexual abuse by educators: A comparison between male and female teachers who sexually abuse students. *Journal of sexual aggression, 26* (1), 23-35.

Ferguson, C. J., & Hartley, R. D. (2022) Pornography and sexual aggression: Can meta-analysis find a link?. *Trauma, Violence, & Abuse, 23* (1), 278-287.

藤森和美・野坂祐子（2023）子どもへの性暴力—その理解と支援—誠信書房.

Friedrich, W. N., Davies, W. H., Feher, E., & Wright, J. (2003) Sexual behavior problems in preteen children: Developmental, ecological, and behavioral correlates. *Annals of the New York academy of sciences, 989* (1), 95-104.

警察庁生活安全局人身安全・少年課（2024）令和5年における少年非行及び子供の性被害の状況.

Loutzenhiser, L., Arrighi, F., & Rosenfeld, B. (2024) The association between pornography use and sexual offending in individuals with a history of sex offenses: A meta-analysis. *Aggression and Violent Behavior, 78*, 101980.

文部科学省（2022）生徒指導提要（令和4年度改訂版）.

文部科学省（2024）令和4年度公立学校教職員の人事行政状況調査．性犯罪・性暴力等に係る懲戒処分等の状況（教育職員）．

文部科学省「生命（いのち）の安全教育」
　https://www.mext.go.jp/a_menu/danjo/anzen/index2.html

内閣府男女共同参画局（2022）若年層の性暴力被害の実態に関するオンラインアンケート及びヒアリング結果報告書．

仲真紀子（2016）子どもへの司法面接─考え方・進め方とトレーニング─．有斐閣．

須藤康介（2015）教師の犯罪率とその推移─同年齢集団との比較から─．日本教師教育学会年報，24，166-169．

Tremblay, M. J., Daignault, I. V., Fontaine, N. M. G., Boisvert, I., & Tourigny, M. (2020) School-aged children with sexual behavior problems: Untangling the relationship between externalizing behavior problems and non-sexual victimization on the variety and severity of sexual behaviors. *Child Abuse & Neglect, 107*, 104490.

Wurtele, S. K., Mathews, B., & Kenny, M. C. (2019) Keeping students out of harm's way: Reducing risks of educator sexual misconduct. *Journal of child sexual abuse, 28* (2), 160-186.

あ と が き

　昨年末、文部科学大臣から中央教育審議会へ、新しい学習指導要領の改訂に向けた検討が諮問されました。少子化・高齢化、生成AIなどのデジタル技術の発展を背景に、教育課程の見直しが求められています。今回は特に、異なる価値観をもつ多様な他者と対話し、問題を発見・解決できる「持続可能な社会の創り手」を育てる必要性が強調されているとのことです。そのために、より柔軟な教育課程のあり方が問われることになりそうです。個別最適な学習方法の深化と学級・学校集団として取り組むべき内容のバランスをこれまで以上に考えていくことになるでしょう。また、今回初めて、子どもの意見を直接聞く機会を設けて、今後の議論に反映させることにしているとのことです。子どもたちが自ら学びに向かう姿勢を重視するという意味では、重要な試みであろうと思われます。ただし、子どもの時代に何を学んでおくべきかということについては、大人が責任をもって示してあげることも必要ではないかと感じます。とはいえ、学校教育はまた新しい展開を迎えることになりそうです。

　また、上のニュースとちょうど同時期に、OECDが行った国際成人力調査（PIAAC）の結果が発表されました。日本はトップレベルにあったとのことです。具体的には、読解力と数的思考力で２位、問題解決能力（今回初調査）で１位だったそうです。これは誇るべき内容であろうと思われますが、日本のGDPはIMFによる最新の世界ランキング調査で189ヵ国中４位へ、また国民１人あたりではOECD加盟38ヵ国中22位へ、より上位から転落しています。ちなみに、PIAACにおいてすべての分野で１位だったのはフィンランド（問題解決能力は日本と同点）ですが、そのフィンランドのGDPは、189ヵ国中47位です。ここから言えることは、成人力というものが経済成長とは必ずしも連動しているわけではないかもしれない、ということです。これは少し残念な印象を受けるかもしれませんが、私たちの知性は資本主義に基づく経済成長にのみ活用されるのではありません。例えば将来を見据えた環境問題や平和維持活動への取り組みなどとのバランスを考えることにも活用されるべきであり、私たちにとって「幸せ（ウェルビーイング）」な生命活動とは何か、ということを追求していくこと

に力が注がれるべきでしょう。

　ところで、これまたちょうど昨年末、1本の映画が公開されました。「小学校〜それは小さな社会〜」というものです。日本のとある小学校の1年間を取り続けたドキュメンタリー映画で、特に教育先進国と言われPIAACでも1位だったフィンランドで好評だったそうで、満を持して日本での公開となったようです。早速、私も観に行きました。私としては、改めて日本の学校教育の素晴らしさを実感しました。それは、日本の教育制度において、特別活動という枠組みが、人を育てるうえで非常に重要であると感じたからです。特に小学校で教職を目指す学生には、是非とも観てほしい作品です。

　さて、取り留めもなく書いてきてしまいましたが、本書の執筆に携わった著者たちには「新時代の教育相談」という本書のタイトルに込めた思いがあります。それは、VUCAの時代と言われる現代、そしてこれからにおいて、例えば上述したトピックが示すように、私たちは何を学び、身につけていくべきかについて、子どもたちと一緒に皆さん自身で考えて頂きたいのです。多様な価値観が交差する学校という場所で、子どもたちが最終的に他者、そして何より自分自身を尊重できるようになるために、「教育相談」のマインドそしてエッセンスをフル活用して頂きたいと考えています。副題の「つなぐ、支える、ともに歩む」にも、多様な他者と関わりあいながらでなければ成しえないことへの思いを込めています。本書で提供された話題はほんの一部であり、これらをきっかけに友人同士や教師、あるいは子どもたちと大いに語りあって頂き、教職科目としての「教育相談」の枠を超えた展開が起こっていくことを期待します。

　最後になりましたが、本書の作成・出版にあたり、北樹出版代表取締役の木村慎也様をはじめ、ご助力頂きました関係各所の方々に厚く御礼申し上げます。特に編集部の田津真里恵様には、迅速かつ丁寧に対応頂き、非常に心強かったです。田津さんのおかげで良い本が出来上がりました、ここに記して感謝いたします。

　　　2025年1月吉日　　　　　　　　　子どもたちの健やかな成長を願って

　　　　　　　　　　　　　　　　　　　　　　　　　　　黒山　竜太

索　引

あ　行

アイデンティティの多元性　176
　　──複雑性　176
アセスメント　78
温かい人間関係を育む教育　147
アダルトコンテンツ，アダルトサイト
　　187, 188
アンガーマネジメント　43
アンコンシャス・バイアス　173
生きる力　153
いじめ　111, 116, 118
いじめの解消　128
いじめの重大事態　129
　　──の調査に関するガイドライン
　　130
いじめの認知件数　126
いじめ防止対策推進法　125
いじめの防止等のための基本的な方針
　　125, 128
一時保護　156
遺伝説（生得説）　47
生命（いのち）の安全教育　188
WISC-V　88, 89
ウェクスラー式知能検査　88
Well being　156, 165
エゴグラム　90, 91
エス　64
SL理論　38, 39
SOSの出し方に関する教育　147
エリクソンの漸成発達理論　50
LGBTQ+　170
援助希求的態度　150

か　行

カウンセリング　62, 74
カウンセリングマインド　14
学業成績の変化　79
課題早期発見対応　19
課題予防的教育相談　18
課題未然防止教育　19
学級経営　32, 33, 35, 36, 41, 42
学級集団　32, 33, 34, 36, 38, 39, 41
学級のアセスメント　83
家庭教育　23
感覚運動期　48
感覚の過敏さ　99, 117
環境　119, 120, 121
環境閾値説　47
環境説（経験説）　47
関係者間の合意形成　149
感情の反射　75
寛容効果　86
9歳の壁　54
教育支援センター　119, 120
教育目標　32, 33
共感的理解　71
興味の限局　99
極端な考え方　69
鎖からの解放　94
具体的操作期　49
クリニカル・バイアス　177
グループアプローチ　36, 37, 38, 42
形式的操作期　50
系統的脱感作　67
高1クライシス　59

公益の増大　17
行動観察　79
行動のパターン化　99
行動療法　66, 67
校内教育支援センター　119
国際疾病分類（ICD）　95
COCOLOプラン　118, 119
子どもたちのサイン　80
コミュニティスクール　120
困難課題対応的教育相談　18
困難課題対応的生徒指導　134

さ　行

3段階の心理的援助サービス　42
サーバント・リーダーシップ　39, 40, 41
自我　64
自己一致（純粋性）　71
自己概念と経験の不一致　70
自己実現傾向　70
自己指導能力　131
自己中心性　49
自殺死亡率　142
自殺対策　143
　——白書　142
自殺の原因・動機　144
自殺の心理　145
自殺の対人関係理論　145
自殺予防教育　147, 148, 149
自殺予防教育の下地作り　148
児童虐待　155, 158
児童心理治療施設　163
児童生徒性暴力等　191
　——防止法　190
児童生徒の問題行動・不登校等生徒指導上の諸課題に関する調査　126, 136

児童相談所　155
児童福祉施設　160, 162, 166
自閉症スペクトラム障害（ASD）　99
嗜癖（アディクション・依存症）　138
社会（社交）恐怖（症）　102
社会的コミュニケーション　100
社会的養護　155
循環反応　49
小1プロブレム　53
小中高生の自殺者数　143
初期効果　86
所属感の減弱　145
心身の健康を育む教育　147
身体表現性障害　102
心理検査　90
心理社会的発達　35, 37
スクールカウンセラー（SC）　14, 119
スクールソーシャルワーカー（SSW）　14, 119
スティグマ　151
ステレオタイプ　86
ストレングス　92
性自認　170
正常バイアス　185
精神分析的アプローチ　64
性的指向　170
性的マイノリティ　171
　——支援　175
性同一性障害　174
生徒指導　15
性の多様性　168
性犯罪・性暴力対策　183
性表現　170
性暴力に関する相談機関　197
性暴力被害　184, 195
生命・心身・財産重大事態　129

生命を尊重する教育　147
精神疾患　94
摂食障害　98
絶対的な貧困　158
前操作期　49
選択（性）緘黙　97
早期の問題認識　150
総合環境療法　164
相互作用説　47
操作的診断基準　95
相対的な貧困　158
ソーシャルスキルトレーニング　43, 44
SOGI　170
育ちの課題　160

た　行

対象の永続性　49
対人関係の質的異常　99
対比効果　86
地域支援団体　179
中1ギャップ　57
チーム学校　20, 24, 119, 120
チーム支援　24
　　──計画　25
チームティーチング　150
チャムグループ　57
注意欠陥多動性障害（ADHD）　99, 101
超自我　64, 65
DSM-5　96
適応障害　103
投影法　90
特定免許状失効者等に関するデータベース　193
統合失調症　96, 97, 103, 145
TALKの原則　152

な　行

2軸3類4層構造　18, 131
人間理解　63
認知行動的アプローチ　66
認知療法　67
ネットいじめ　134

は　行

パーソン・センタード・アプローチ　70
ハイリスクの児童生徒　149, 150
発達支持的教育相談　18
発達支持的生徒指導　131, 137
発達障害　99
ハロー効果　86
ピアグループ　59
ピアジェの認知発達理論　48
BPSモデル　82
ひとり親家庭　24
PM理論　37, 38
表現物　80
貧困　158
フィリップ・ピネル　94
フォビア　172
フォローアップ　149, 150
不安　111, 116, 117, 118
　　──階層表　67
負担感の知覚　147
不登校　35, 108, 118, 123
　　──傾向　114
　　──重大事態　130
　　──の要因　111, 116
プロアクティブ　18
防衛機制　65
保存の概念　50

ま　行

マイクロ・アグレッション　173
ミドルリーダー　22
身についた自殺潜在能力　145
無気力　111, 117
無条件の肯定的関心　71
明確化　76

や　行

ユア・フレンド　121, 122
予防教育　43, 44

ら　行

リーダーシップ　37, 38, 39, 40, 41
リアクティブ　18
レジリエンス　43
ロジャーズ　70

▼▲ 執筆者紹介・担当一覧

高岸　幸弘（たかぎし　ゆきひろ）編者　第 1 、12章担当
　　詳細は編著者紹介参照
黒山　竜太（くろやま　りゅうた）編者　第 2 、7 章担当
　　詳細は編著者紹介参照
石井　宏祐（いしい　こうすけ）　第 8 章担当
　　佐賀大学教育学部　准教授
蔵岡　智子（くらおか　ともこ）　第 5 章担当
　　東海大学文理融合学部　准教授
武井　麗子（たけい　れいこ）　第 6 章担当
　　江津湖クリニック　副院長
田中　将司（たなか　まさし）　第11章担当
　　東海大学文化社会学部　講師
疋田　眞紀（ひきた　まき）　第 9 章担当
　　ひきたカウンセリングオフィス，熊本大学　非常勤講師
疋田　忠寛（ひきた　ただひろ）　第 3 章担当
　　九州ルーテル学院大学人文学部　講師
松本　祐一郎（まつもと　ゆういちろう）第10章担当
　　こどもL.E.C.センター　施設長
向井　秀文（むかい　ひでふみ）　第 4 章担当
　　信州大学学術研究院教育学系　助教

▼▲ 編著者紹介

髙岸　幸弘（たかぎし　ゆきひろ）
熊本大学大学院医学教育部環境社会医学専攻臨床行動科学分野博士課程単位取得退学　博士（医学）　臨床心理士／公認心理師
現在：熊本大学大学院人文社会科学研究部　准教授
専門は臨床心理学、精神医学。児童心理治療施設こどもL.E.C.センターでセラピストとして勤務したのち、関西国際大学講師・准教授を経て2016年より現職。児童福祉施設スタッフやスクールカウンセラーとしての経験を活かし、子どもの心理的問題、特に性的行動の問題などの外向的行動の回復支援の研究と実践を行っている。
主要図書・論文
『支援のための心理学』（北樹出版、2022年）
『子どもの性的問題行動に対する治療介入―保護者と取り組むバウンダリー・プロジェクトによる支援の実際―』（明石書店、2019年）他

黒山　竜太（くろやま　りゅうた）
九州大学大学院人間環境学府人間共生システム専攻心理臨床学コース博士後期課程単位取得退学　修士（人間環境学）　臨床心理士／公認心理師
現在：熊本大学大学院教育学研究科　准教授
専門は臨床心理学、学校心理学。長崎国際大学講師・准教授、東海大学准教授を経て2019年より現職。主に学校をコミュニティとして見据えたうえでの心理的成長を目指した危機介入や予防教育の開発・推進に取り組んでいる。熊本県臨床心理士・公認心理士協会会長。
主要図書・論文
『支援のための心理学』（北樹出版、2022年）他
『発達障害のある子ども・若者の余暇活動支援』（金子書房、2021年）
『子どもとかかわる人のためのカウンセリング入門―教育相談支援―』（萌文書林、2010年）

新時代の教育相談──つなぐ、支える、ともに歩む

2025年4月25日　初版第1刷発行

編著者	髙 岸 幸 弘
	黒 山 竜 太
発行者	木 村 慎 也

定価はカバーに表示　　印刷 恵友社／製本 和光堂

発行所　株式会社　北樹出版

〒153-0061　東京都目黒区中目黒1-2-6
URL:http://www.hokuju.jp
電話(03)3715-1525(代表)　FAX(03)5720-1488

Ⓒ 2025 Printed in Japan
ISBN978-4-7793-0774-4（落丁・乱丁の場合はお取り替えします）